POMPEO MOLMENTI

IL

MORETTO DA BRESCIA

CON 18 FOTOINCISIONI

FIRENZE

R. BEMPORAD & FIGLIO

CESSIONARI DELLA LIBRERIA EDITRICE F. PAGGI

7 – Via del Proconsolo – 7

1898

IL

MORETTO DA BRESCIA

AVVERTIMENTO

Questo scritto non è un compiuto studio sulla
vita e sulle opere dell'artefice bresciano, e perciò non avrebbe mai lasciato le pagine della
Nuova Antologia, ove ha veduto la luce, nè, an-
corchè vantaggiato da molte emendazioni ed
aggiunte, sarebbe stato raccolto in volume, se
non fosse sembrato opportuno correggere, con
l'autorità di nuovi documenti, parecchie notizie
errate, che tuttavia si ripetono sul Moretto.

Come sempre avviene, la commemorazione
della nascita del sommo pittore fu stimolo a pub-
blicazioni di critici dilettanti, che aggiunsero
nuovi errori ai vecchi. Per emendare false notizie e incauti giudizî intorno ai dipinti, può ora
servire il diligente Catalogo, compilato dal
cav. Pietro da Ponte, e pubblicato per cura del-
l'Ateneo di Brescia. Per distruggere le sbagliate
affermazioni intorno agli antenati, alla patria e alla

vita del Bonvicino, sarebbe bastato il libro che aveva in animo di scrivere uno studioso modesto e valoroso del pari, il cav. Giovanni Livi, direttore dell'Archivio di Brescia, il quale, tra le vecchie carte, ebbe la fortuna di trovare molte memorie intorno alla vita quasi ignorata del Moretto. E il Livi avrebbe da par suo ordinato e commentato i preziosi documenti rinvenuti, se gli fosse bastato il tempo, se le cure di un ufficio importante, a cui fu recentemente chiamato, non l'avessero distratto dalle sue investigazioni.

Ma poichè premeva che le feste del centenario non passassero senza che la bella e nobile figura del Bonvicino fosse disgombrata da molti errori, il Livi diede a me quel manipolo di curiosi documenti, da cui ho tratto, rispetto alla vita del Moretto, le nuove notizie e le importanti rettificazioni, che ho raccolto in questa pubblicazione, aggiungendovi alcune osservazioni e indagini mie proprie sulle opere del grande pittore.

Moniga del Garda, settembre 1898.

P. M.

I

L' UOMO

Brescia, benedetta d'ubertà e d'ingegni, fe-
steggiò nel presente anno il quarto centenario dalla
nascita del suo gran figlio, Alessandro Bonvicino,
di soprannome Moretto. Sulla piazza, di fronte al
palazzo Martinengo da Barco, dove ha sede l'Ateneo, si è inalzato un bel monumento dello scultore bresciano Domenico Ghidoni, [1] e nella pi-

(1) Il *Programma per un monumento al pittore Bonvicino* fu pubblicato nel 1893, e si trova anche stampato nei *Commentari dell'Ateneo
bresciano* (anno 1893), insieme con una breve notizia sulla vita del Moretto, dell'avvocato Pietro Morelli, il quale tenne poi sullo stesso argomento una conferenza. Allo scultore vincitore del concorso furono sta-
bilite 32,000 lire, lasciate dal pittore G. B. Gigola, perchè fosse inalzato un monumento al Moretto. Fallito il primo concorso, ne fu bandito
un secondo fra i sette bozzetti, che si trovarono migliori fra i trenta-
quattro presentati. Il secondo concorso fu vinto dallo scultore bresciano
Domenico Ghidoni, il quale ritrasse nel bronzo il grande artefice con
la tavolozza in una mano e il pennello nell'altra, in atto di contem-
plare un dipinto. Sui gradini del basamento è raffigurata l'Arte mistica,

nacoteca dello stesso Ateneo furono collocati in ordinata mostra alcuni fra i più bei quadri del Moretto.

Rimemorando il pittore gentile, Brescia fece opera buona e doverosa, però che pochi abbiano amato la loro patria come l'artefice, il cui nome glorioso si accompagna alla gloria del luogo natìo. Queste alleanze di nomi fra artisti e paesi sono piene di significato. Così si dice Tiziano e Cadore – Cima e Conegliano – Moretto e Brescia.

La gloria delle terre soggette a Venezia serviva a rendere più fulgido il nimbo di luce intorno alla città dominante. Perchè se Venezia concedeva liberal protezione e difendeva con le armi e con le leggi e dava prosperità ai sudditi di terraferma, questi, oltre alla fede pronta fino

---

in una bronzea statua di donna seduta, reggente nel grembo un libro aperto e avvolta in lunghissima veste. Ai lati del monumento sono due lapidi. Sull'una è inciso:

ALESSANDRO BONVICINO-MORETTO
GAREGGIÒ NELLA PITTURA
COI SOMMI DELL'AUREO SECOLO

—

MĪĪD-MDLIV

Sull'altra:

COL MUNIFICO RETAGGIO
DEL PITTORE G. B. GIGOLA
L'ATENEO ERESSE

—

MCĪĪM

al sacrifizio, offrivano tutte le loro glorie alla città di San Marco, che se ne adornava superba.

Nel gran trionfo dell'arte in riva alle lagune rifulgono i nomi dello Squarcione e del Mantegna,[1] i grandi maestri di Padova – di Bonifacio e Paolo, surti nel dolce aere di Verona – del Buonconsiglio, vanto di Vicenza – di Giorgione da Castelfranco – di Cima da Conegliano – di Tiziano, sceso dalle Alpi Cadorine – di Pellegrino da San Daniele, di Giovanni da Udine, del Licinio, nati nell'austero Friuli – di Paris Bordone e di Lorenzo Lotto, che videro la luce sulle rive fra cui scorre limpido il Sile – dei da Ponte, sinceri interpreti delle scene rusticane della natìa Bassano – del Palma e di Andrea Previtali, venuti dalle fiorenti convalli bergamasche – del Romanino e del Moretto, bresciani.

La vita che Alessandro Bonvicino trasse in tempi torbidi e procellosi fu modesta ed oscura così da fornire poche notizie al biografo.

Nella prima metà di questo secolo, l'architetto

---

[1] Un decreto della Quarantìa criminale di Venezia del 2 gennaio 1455 (m. v.), pubblicato dall'*Archivio Veneto* (t. XXIX, pag. 121), dice chiaramente il Mantegna esser nato a Vicenza: « Andreas Blasij mantegna de Vicentia pictor. » Ma il famoso pittore riconobbe sempre Padova come sua patria e una delle sue opere è segnata così: « Andreas Mantinea Patavinus anno VII et X natus sua manu pinxit 1448. »

bresciano Rodolfo Vantini, fino conoscitore e
critico d'arte, fu il primo a raccogliere con
grande amore notizie e documenti sicuri intorno
al Bonvicino. Un cenno dei documenti trovati
dal Vantini è in una nota posta in fine ad un
sermone letto dall'abate Pietro Zambelli il giorno
24 novembre del 1842, nella chiesa di San Clemente in Brescia, in occasione del ristauro della
chiesa e del monumento in essa eretto all'insigne pittore. [1] Lo Zambelli, nel suo fiorito sermone, segue le tracce dell'opera del Ridolfi. [2]

Il Vantini morì senza poter lasciare quella
biografia del Bonvicino, che s'era proposto di
scrivere. Le sue carte andarono disperse, [3] ma
le sue ricerche invogliarono a nuove investigazioni l'abate Stefano Fenaroli, che, nel 1873,
lesse all'Ateneo di Brescia una Memoria intorno
ad Alessandro Bonvicino, della quale si trova
una recensione nei *Commentari* dell'Ateneo (1873).
La Memoria del Fenaroli, con note storico-cri-

_____

[1] ZAMBELLI, *Orasioni sacre*, vol. II, pag. 196. Brescia, tip. Vescovile, 1852.

[2] RIDOLFI, *Le meraviglie dell'arte*, Venezia, Sgava, 1648.

[3] L'ODORICI (*St. bresciane*, IX, 219) parla di preziose memorie lasciate dal Vantini in altrettante schede. Alcune di queste schede sono
all'Ateneo, altre presso monsignor Fè D'Ostiani, ma nulla aggiungono
a quanto si trova nello Zambelli e nel Fenaroli.

tiche, con documenti, con l'elenco dei dipinti e l'indicazione dei luoghi ove si trovano, fu stampata nel 1875 col titolo: *Alessandro Bonvicino, soprannominato il Moretto, pittore bresciano.* [1] Nelle note e nell'elenco, non scevro d'inesattezze, sono in diverse chiese ricordati parecchi quadri, che ora non si sa dove sieno. Il Fenaroli riprodusse poi con nuove annotazioni la maggiore e miglior parte del suo studio nel *Dizionario degli artisti bresciani.* [2]

Il Vantini e il Fenaroli affermano la famiglia originaria del Bonvicino essere proveniente da Ardesio, borgata posta fra i monti della Valle Seriana nel Bergamasco; [3] per la qual cosa i Bonvicini presero la speciale denominazione di Ardesio, a fine di andare distinti da altri Bonvicini, vissuti in Brescia alla fine del quattrocento. Aggiunge il Fenaroli che un documento del 26 maggio 1456, da lui trovato negli archivi municipali, comprova come *Ambrogio e Moretto q.ᵐ Guglielmino de Ardesio,* cognominati pure

---

[1] Brescia, Pio Ist. Pavoni, in-8°, pag. 58.

[2] Brescia, Pio Ist. Pavoni, 1877.

[3] Nell'Arch. Notarile di Bergamo (Rogiti del not. Pietro di Lanfranco Rocca), il Livi ha trovato che il 18 novembre 1253 « Ayardus filius q. Ser Bonvesini » era console del comune di Ardesio.

Bonvicini, forestieri *(forenses),* ma domiciliati da
vent'anni e più nella città di Brescia e nel con-
tado, esercitando la mercatura, chiedessero ed
ottenessero dal podestà di Brescia, Bernardo
Bragadino, i titoli e i privilegi della cittadinanza
bresciana. [1]

Il documento, che il Fenaroli non riporta, in-
comincia con queste parole:

1456, 26 maggio. — Coram vobis Mag.[co] Brixie Po-
testate D. Bernardo Bragadino, etc., nec non egregiis
Dominis Abbate et Ancianis negotiis Comunis Brixie
presidentibus, cum omni debita reverentia se presentant
Ambrosius et Moretus filii q. Guielmini de Ardesio,
dicentes quod sunt forenses et quod iam annis viginti
et ultra praticati sunt in civitate Brixie et eius districtu
artem mercandi fideliter exercendo. Et experti civium
Brixie fidelitatem moresque optimos ac liberalitatem
et agri brixiensis fertilem ubertatem, Deo semper pre-
vio, deliberaverunt et dispositi sunt habitare dum vi-
xerint in civitate premissa, etc. — Quare humiliter pe-
tunt, etc. [2]

Il Fenaroli crede che Ambrogio e Moretto,
figli di Guglielmino, sieno gli antenati del grande
pittore, ma a tale congettura s'oppongono evi-
dentemente documenti trovati dal Livi.

---

[1] FENAROLI, *Aless. Bonvicino,* ecc., pag. 10.
[2] Archivio del Comune bresciano. Reg. n. 415, c. 75 t.

Due rami collaterali della famiglia Bonvicino-Moretto de Ardesio esistevano in Brescia fino dai primi anni del secolo decimoquinto.

Nell'archivio comunale, nel libro così detto delle *Custodie* del cronista Cristoforo Soldo, dove son registrati quei benemeriti, che, nel 1438, stettero a difesa della città assediata dal Piccinino, [1] fra le persone appartenenti alla prima quadra di Sant'Alessandro si legge il nome di un « Moretus de Ardexio, » il quale deve essere tutt'uno con quel « Moretto de Bonvesinis de Ardesio laboratore lane civ. et hab. Brixie », testimone con altri in un testamento di Gabriele Lantani del 16 agosto 1439. [2]

Questo Moretto dei Bonvicini di Ardesio inscritto al « Paratico del Lanificio » sotto il nome di « Morettus quondam Assandri de Ardesio » [3] avea dunque, almeno fin dal 1439, la cittadinanza bresciana, [4] laddove « Ambrogio e Mo-

(1) Tale registro, insieme con quello del primo Estimo fatto sotto la Repubblica, servì poi come fondamento per le ammissioni al Consiglio cittadino e quindi anche per la nobiltà bresciana.

(2) Arch. dello Spedale, *Testamenti*, reg. *B*, c. 3 t.

(3) V. lo speciale Catalogo alfabetico alla biblioteca Queriniana di Brescia. Nel registro dell'*Estimo civico del 1442* non si trova notato questo « Moretto q.m Assandri » ; dunque era allora probabilmente già morto.

(4) Questo Moretto ottenne la cittadinanza bresciana probabilmente durante il secondo periodo di governo visconteo (1421-26), pel quale si

retto de Ardesio q.ᵐ Guielmini » non l'ebbero
se non nel 1456. Il quale ultimo Moretto « q.ᵐ
Guielmini, » secondo il citato libro delle *Custodie*
di Cristoforo Soldo, si legge fra i nomi delle
persone appartenenti alla seconda quadra di
Sant'Alessandro,[1] laddove apparteneva alla prima
il Moretto « q.ᵐ Assandri », il quale, come s'è
veduto, faceva il lanaiuolo, mentre il suo omonimo faceva l'oste — « Morettus de Ardexio ta-
bernarius », come dice il libro del Soldo. Che fra
le due famiglie, l'una abitante nella quadra prima
e l'altra nella quadra seconda di Sant'Alessandro vi fosse parentela, è comprovato da un documento del 1454, in cui un « Tonolus de Ardexio
q. Sandrini hab. Brixie in contrata Sancti Assandri » si fa mallevadore dell'oste Moretto,[2] ch'ebbe
la vita contristata dai debiti e dalla miseria.[3]

---

ha un solo registro di *Provvigioni consigliari*, che va dal 1421 al 1423
soltanto; ovvero la ottenne al tempo di Pandolfo Malatesta (1404-1421),
tempo per cui mancano registri di *Provvigioni* all'archivio del Comune.

[1] Nel 1456, si trovano i due figli di Guglielmino, Ambrogio e Moretto, notati anche dal registro dell'Estimo civico (Archivio del Comune)
alla quadra seconda di Sant'Alessandro: « Ambrosius et Moretus fratres
de Ardesio, malgesii. » Dal che si capisce che erano *malghesi* (man-
driani) e che Moretto cambiò mestiere e fece l'oste. Nel registro del-
l'Estimo civico del 1469, nella stessa quadra di Sant'Alessandro, si trova
Gasparino figlio di Ambrogio: « Gasparinus q. Ambrosii de Ardesio. »

[2] Arch. di Stato, Canc. Pretoria, *Atti*, reg. n. 10, c. 163.

[3] « 1455 - Nos Nicolaus Marcello Potestas .... certiorati de pau-

Ora quali erano i diretti ascendenti del grande pittore? Il Moretto oste o il Moretto lanaiuolo?

I documenti, che sono dei fatti le sorgenti più genuine, pongono in chiara luce come dal Moretto lanaiuolo figlio di Alessando sieno nati Pietro e Alessandro, ambidue pittori, il primo padre, zio il secondo dell'artefice immortale, intorno a cui s'è acceso tanto ardore d'indagini. Di un Alessandro Bonvicino de Ardesio pittore si sapeva, da un contratto del maggio 1481, che per incarico del magistrato della città avea ristaurato « sub Lodia magna » le imagini di san Marco, di san Filastrio e di sant'Apollonio patroni di Brescia, e dipinto in « laudabile forma » le panche intorno alle pareti della loggia stessa. [1] Un'altra provvigione o deliberazione del Consiglio del Comune (19 aprile 1482) parla della pittura del-

---

pertate et miseria Moreti de Bonvicinis de Ardesio hab. Brixie, qui alieno ere gravatus et suorum debitorum persecutione . . . . » (accordaglisi moratoria). Arch. di Stato, Canc. Pretoria, *Atti*, reg. 11, c. 92 t.

« 1473, 1º decembre, Decr. ducale a favore del sudd.º Moretto. Segue una sua supplica alla Signoria. Ambedue si riferiscono ai suoi debiti (Arch. di Stato, ibid., reg. 17, c. 14 t.). Nel medesimo registro (carte non numerate), sotto la data del 26 luglio 1474, trovasi un mandato del Podestà relativo allo stesso oggetto. »

[1] ZAMBONI, *Memorie intorno alle pubbliche fabbriche di Brescia,* pag. 26, nota 19. Brescia, Vescovi, 1778.

l'insegna del Podestà, eseguita dal medesimo Alessandro. [1]

Il Fenaroli scrive, sulla fede di Gabriele Rosa, che alcune pitture sulla facciata della chiesa dell'Annunciata di Borno in Valcamonica, si ritengono di Alessandro de Ardesio, antenato, secondo il Vantini e il Fenaroli, del suo celebre omonimo. Nuovi documenti ora provano come quell'oscuro pittore fosse propriamente fratello di Pietro, pittore anch'esso e padre del grande Moretto.

Infatti, una Provvigione del 26 novembre 1484 non citata dallo Zamboni, nè dal Vantini, nè dal Fenaroli, delibera:

Pro q. [2] Magistro Alexandro pictore et *fratre,* fictualibus Comunitatis, comissum fuit Sindicis Comunis ut intelligant quod sibi debeatur pro nonnullis picturis Comunitati factis et quod habere debent, in debito eorum pensionis compensari faciant. [3]

In un'altra Provvigione del 18 febbraio 1485, del pari non citata dai suddetti autori, dopo la

---

[1] Arch. del Com., reg. 507.
[2] Volendo il *q.* significare *quondam,* questo Alessandro era già morto il 26 novembre 1484.
[3] Arch. del Com., reg. 508.

menzione di due consiglieri deputati di riferire sull'argomento, si legge:

Item se informent de picturis factis per *Alexandrum* de Ardesio et *fratrem,* et de bulletis per eos habitis hactenus et Consilio refferant. [1]

E in una terza Provvigione del 17 gennaio 1486, citata dallo Zamboni: [2]

Pro *Petro* de Morettis pictore, petente mercedem suam certarum picturarum: audita informatione superinde data per cives ad hoc electos, captum fuit, nemine discrepante, quod dicto Petro fiat bulleta pro reliquo omnium picturarum tam per eum quam per *eius fratrem* factarum usque in presentem diem de libris xxi planet, compensandis in debito suo ficti domus et apotece in qua habitat.

Di questo Pietro parlano lo Zamboni e il Fenaroli, accennando come nei Bollettari della città si faccia menzione di uno stemma di Brescia, dipinto per ordine municipale e pagato, il 19 novembre 1496, a Pietro Bonvicino, il quale, agli ultimi di febbraio del 1498, dipingeva anche lo stemma di San Marco e quello dei Rettori della

---

[1] Arch. del Com., reg. 509.
[2] ZAMBONI, *Op. cit.*, pag. 109, nota 32.

città in occasione della venuta a Brescia di Caterina Cornaro, regina di Cipro. [1] Un' altra Provvigione del Comune intorno a questo pittore, ha
trovato il Livi, in data 23 novembre 1492:

Pro Magistro Petro Moretto petente solutionem picture facte super cortinis intermediantibus salam habitationis M.ci D. Potestatis. [2]

Lo Zamboni e il Fenaroli sono poi tratti in
errore, quando credono Pietro fratello di un Giovanni Giacomo da Cremona, pittore allora vivente
in Brescia. [3] La sopra citata Provvigione del

---

[1] ZAMBONI, *Op. cit.* — FENAROLI, *Diz.*, pagg. 185-86.

[2] Arch. del Com., reg. 513.

[3] Il succitato Giov. Giacomo Moretto *da Cremona* fu forse parente,
più o meno stretto, di altro pittore, che si trova così nominato nel reg. dell' *Estimo civico* di Brescia per l' anno 1496: « Andreas *de Cremona* pictor » ; quadra di *Cittadella Vecchia;* vedi FENAROLI, *Diz.*, pag. 307.

Un Cristoforo Moretto *da Cremona* fu pittore assai rinomato ed operoso alla metà del sec. XV in Milano e altrove, come scrisse il CAFFI
(*Arch. storico lomb.*, VI, 568). Egli figura con altri tre pittori, Vincenzo de Fopa, Batista da Montarfano e Stefano de li Magistri, siccome
chiamato fra il 1470 e il 1475 a stimare le pitture condotte da certo
M. Stefano delli Fedeli e da altri, nel Castello di Milano.

In un rogito del 12 dicembre 1497 è scritto: « presentibus .... Benedicto *de Cremona* pictore (ignoto al Fenaroli), hab. ad Sanctam Mariam de Miraculis, test. » (Arch. dello Spedale di Brescia, *Istromenti*,
reg. C, c. 19).

E in una Provvigione del Cons.o del Com. 18 giugno 1421:

dì 26 novembre 1484, in cui è detto che maestro Alessandro e suo fratello erano affittuarî del Comune, e l'altra del 17 gennaio 1486, in cui Pietro pittore dichiara di compensare, con le rate di pigione dovute al Comune, la mercede dovuta a lui e al fratello per alcune pitture, mostrano chiaramente come i due fratelli Bonvicino Moretto non potessero essere altri se non Pietro e Alessandro.

Sorge il sospetto nello Zamboni che questo Pietro sia il padre dell'insigne Moretto, ma « tale indagine – soggiunge il Fenaroli – per ora non è accettabile, e giova sperare sia fatta maggior luce. » E il Cocchetti, a proposito di Pietro, esclama: « Io chiederò con qual prova lo si vuol padre di Alessandro e perchè si abbia a stabilire che Pietro Bonvicino abitasse a Brescia piuttosto che a Rovato o altrove. Conoscete voi la vita di questo Pietro Bonvicini? E chi vi ha detto

---

« .... fiat bulleta Mag.ro Johanni (*sic*) Mag.ro Johanni de Mediolano, Mag.ro Bertolino dicto Testorino (questo solo è citato dal FENAROLI, *Dis.*, pagina 239), Mag.ro Antonio et Mag.ro Johanni *de Cremona*, pictoribus deputatis ad pingendum insigna et arma nostri Illust. Principis .... » (Arch. del Com., reg. 481, c. 44).

Probabilmente uno o più di questi pittori erano della stessa famiglia di Giov. Giacomo Moretto de *Cremona*.

che il padre di Alessandro fosse pittore? » [1] A tutte queste incertezze rispondono con irrefragabile evidenza le antiche memorie. Nel registro dell' Estimo civico del 1486 si trova come abitante nella prima quadra di San Giovanni: « Petrus q. Moretti de Bonvicinis. » E nel registro del 1498, nella stessa quadra: « Petrus de Bonvicinis pictor. » E la certezza ch'ei fosse padre di Alessandro esce fuori da un documento del 28 dicembre 1553, in cui « Alexander Morettus q. D. Petri de Bonvicinis pictor, civis et habitator Brixie » fa quietanza di certa somma ricevuta. [2] Dal che agevolmente si deduce la genealogia del Moretto. Da Assandro o Sandrino de Ardesio nacquero Tonolo e Moretto lanaiuolo, il quale ultimo fu padre di due pittori, Pietro e Alessandro, padre il primo, zio il secondo del nostro Alessandro Bonvicino, ch'ebbe un figlio chiamato Pietro. [3] Questi nomi, rinnovantisi di generazione in generazione, dimostrano, per giusta illazione, che da Assandro o Sandrino, padre del

---

[1] COCCHETTI, *Docum. per le storie patrie*, pag. 65, Brescia, 1851.

[2] Arch. notar., Atti Aless. Patina.

[3] Si chiama Pietro Vincenzo nella polizza d' estimo presentata nel 1568 alla quadra quarta di San Giovanni (n. 279) e pubblicata dal Fenaroli, ma è detto semplicemente « Pietro » in altri documenti. Vedi un atto del 7 maggio 1555 (Arch. notar. Atti Bartol. Bianzani).

lanaiuolo, [1] discese direttamente l'insigne pittore, il quale trovava nella sua famiglia non ignobili tradizioni artistiche.

Le vecchie carte chiariscono con sicure notizie le origini e i natali dell'àrtefice e fanno dileguare il dubbio che il Moretto non sia nato a Brescia, così da poter affermare senza esitanza che intorno a tale questione ogni dibattito deve esser troncato. Giacchè anche pel Bonvicino s'è fin qui a lungo disputato intorno al luogo di nascita. Un bizzarro scrittore del secolo decimosettimo, il padre Cozzando, nato a Rovato, acceso dall'amore del loco natìo, nel suo *Vago e curioso ristretto dell' historia bresciana*, [2] affermò senza apportar

---

[1] Coi documenti trovati, il Livi forma in tal modo l'Albero dei Bonvicini-Moretti:

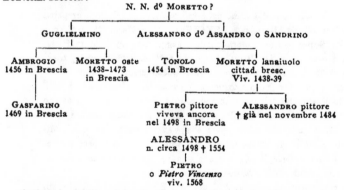

[2] Il titolo del libro del padre Cozzando è il seguente: *Vago e curioso ristretto profano e sagro dell' Historia Bresciana*, del M. R. P. Maestro

3

documenti che del Moretto dovea vantarsi Rovato. E poichè un primo errore può esercitare
una grande azione su tutti coloro che all'esame
di un fatto preferiscono ripeterlo quale fu nar-
rato da altri, così molti storici dell'arte, copiando
il Cozzando, incoraggiarono Rovato a non rinun-
ziare alla gloria di aver dato i natali a un tanto
uomo. [1] E di vero, fin dal 1486, vi sono memorie a Rovato di una famiglia Bonvicino da
Ardesio, forse la stessa ch'ebbe il giuspatronato
sulla chiesa rovatense della Disciplina, e in un
rogito del 24 agosto 1492 Cristoforo Bonvicini
da Ardesio vien detto « habitator terre de Roa-
do. »[2] Il Cocchetti aggiunge:

« Che in Rovato esistesse a que' tempi la fa-

Leonardo Cozzando, dell'Ordine de' Serui di M. V., definitore perpetuo
e padre di provincia. Brescia, MDCXCIV, per Gio. Maria Rizzardi, con
licenza de' Super. – Del Moretto parla a pagg. 108-109 della I ͣ Parte.

[1] Ad esempio il DE BONI (*Biografia degli Artisti*, Venezia, 1840)
in dieci righe di biografia accumula tutti questi errori:

« Bonvicino Alessandro nacque in Rovate (sic). Vedendolo i suoi
parenti inclinato alla pittura, lo mandarono a Venezia, dove fu ricevuto
nella Scuola di Tiziano Vecellio, e più anni vi stette e sempre tra i
primi.... Una delle sue prime opere è a Venezia nella chiesa dei Miracoli, dove già si manifesta tutto il suo stile.... La donna peccatrice ai
piedi di Cristo è forse il migliore suo quadro, che ora più non si vede
nella nostra accademia.... Morì a Brescia il 1550. »

[2] Arch. notar. di Brescia, Atti del not. Fiorino Fiorini di Rovato
(5 gennaio 1486 e 24 agosto 1492).

miglia Bonvicino, è da più documenti confermato.
L'Oratorio di S. Croce, di proprietà della stessa
(FAINI, *Coelum,* ecc.), è del 1496, come vedesi
dall'incisione, ecc. Un istromento del not. Ven-
turi del 28 aprile 1514 fu steso nella casa di
Tom. Bonvicini, sita *nel Castello di Rovato.* » [1]

E che perciò? Si badi che quel Cristoforo
Bonvicini vien detto *habitator* e non *nativo* di
Rovato; si badi che quelli erano bensì « Bonvicini » e de « Ardesio, » ma non de' Moretti.
Per credere il Moretto nato proprio a Rovato,
per caso, poichè nè a Brescia nè a Rovato si
hanno registri parrocchiali del tempo, [2] bisogne-

---

[1] COCCHETTI, *Op. cit.,* pag. 63.

[2] Quelli che, secondando le borie municipali, poco solleciti del-
l'esattezza dei fatti, dicono Rovato patria del Moretto, senza avvalorare
di prove l'affermazione, chiedono poi a Brescia l'atto di nascita del
Moretto, per ricredersi del loro errore. A costoro risponde un articolo
del cav. Livi, pubblicato dalla *Sentinella bresciana* (23 luglio 1898), con
queste giuste considerazioni:

« *Atti di nascita* del secolo XV sono addirittura introvabili tanto a
Brescia quanto a Rovato e, crediamo, in qualunque altra città o terra
di Lombardia. Soltanto presso alcuni insigni e monumentali battisteri
(come, per esempio, quel di Firenze, cui si ricorse or non è molto per
riscontrare la data della nascita di A. Vespucci) si conservano registri
battesimali anteriori al secolo XVI. Per Brescia i più antichi sono quelli
della Parrocchia di S. Agata, che cominciano col 30 aprile 1548; per
tutta la provincia poi sono ben rari quelli che contengono atti della prima
metà del secolo XVI. E la ragione di tal rarità è questa, che, prima delle
speciali prescrizioni del Concilio di Trento, i Parroci non ebbero alcun
obbligo di notare a registro i battesimi i matrimoni i decessi. Non

rebbe provare insieme due cose : che Pietro, padre
di lui, sia stato verso il 1498 a dipingere in
Rovato e che si sia condotto seco la moglie.
Senza questa duplice prova, il Moretto resterà
sempre bresciano anche di nascita, se pur non si
voglia ritenerlo nato in Rovato, ma non dalla
moglie legittima di Pietro, che dimorava a Brescia. [1] Del resto, contro la scarsa autorità del

---

parliamo poi dei Municipi, chè i registri di Stato Civile sono in Italia,
come ognun sa, di istituzione relativamente recente, risalendo appena
ai tempi napoleonici. A chi pretende dunque l'*atto di nascita* ovvero
di *battesimo* del Moretto si potrà dire: trovatecene un solo, di una
persona qualunque, scritto in Brescia prima del 30 aprile 1548, e poi
ci riparleremo. »

[1] Il Moretto nacque in una casetta posta nel centro di Brescia,
presso alla stupenda Loggia, fondata nel 1492 sul modello del Formen-
tone, e proseguita poi dal Sansovino e dal Palladio. Il cav. Livi nel
seguente articolo, pubblicato dalla *Sentinella Bresciana* (15 agosto 1898),
determinò il luogo dove nacque Alessandro Bonvicino:

« Dove nacque in Brescia il Moretto? A questa domanda rispondono
già in parte i documenti pubblicati dall'on. Molmenti sulla *Nuova Antologia*, dove si troverà riferito un atto del 1486, da cui, fra altro, ri-
sulta che il pittore *Pietro* Bonvicini (figlio del lanaiuolo *Moretto* e padre
dell'insigne *Alessandro*) teneva in affitto dal Comune di Brescia una *casa
con bottega*. Si cita poi il registro dell'Estimo civico del 1498 (anno
della nascita di Alessandro medesimo), in cui sotto il titolo *Prima Johan-
nis*, cioè prima sezione della *Quadra* o Quartiere di San Giovanni, si
trova, fra moltissimi contribuenti, notato

« *Petrus de Bonvicinis, pictor.*

« Giova qui ricordare che il Comune di Brescia possedette per più
secoli sulla propria piazza e adiacenze parecchie case – parte di legno e
parte murate – di cui alcune con *casotti a uso di bottega*, tutti in legno,
che per savia deliberazione restarono affatto rimossi entro il secolo scor-

Cozzando sta quella ben più efficace del Ridolfi, il
quale si recò di persona a Brescia a raccogliere
notizie intorno al pittore in casa degli eredi di
Agostino Gallo, intimo del grande bresciano. Ora
è da sperare non si ripeta più ciò che trovasi
scritto in una recente biografia del Moretto:
« l'opinione prevalente, accolta da pressochè tutti
gli scrittori, è che il Bonvicino sia nativo di
Rovato. »[1]

Anche il soprannome di « Moretto » ci dimostrano i documenti come non sia stato proprio

---

so. E i casotti (così scrisse il dottissimo Zamboni a pag. 94 delle sue *Memorie intorno alle pubbliche fabbriche più insigni di Brescia*) " non
erano eretti nello spazio tra cui la Piazza presentemente è compresa,
ma a lato·di essa, nel sito cioè che per linea retta si estendeva dalle
Prigioni fino alla strada che camminava da settentrione a mezzodì lungo
la *fossa della Cittadella nuova* e su cui poscia si sono eretti i Monti
di Pietà. " Ora, consultando un codice del secolo XV, che appartiene al-
l'Archivio di Stato (*Territ.* Registro A, carte 94) e che reca le circo-
scrizioni delle diverse Quadre cittadine, chiaramente si rileva che mentre
il lato meridionale della piazza del Comune apparteneva alla prima sezione della Quadra di San Faustino, il settentrionale invece, e la vicina
"*fossa de la Cittadella* " (sic) si comprendevano nella *prima di San Giovanni*, anzi servivano proprio a segnarne parzialmente i confini. E poichè
per altri riscontri è pur certo che il Comune non possedeva case con
bottega in altri punti di detta Quadra, così sarà ben lecito affermare che
se (come non è ormai più da porsi in dubbio) il sommo artista vide la
luce in Brescia, ciò accadde in una casetta, con annessa bottega di legno,
situata nel cuore della città (il luogo resta non precisamente, ma neppur
troppo vagamente indicato), a pochi passi da quella *Loggia* che n'è uno
dei più splendidi ornamenti. »

[1] PAPA, *Alessandro Bonvicini* (*Emporium* di Bergamo, aprile 1898).

del grande pittore, secondo l'erronea credenza
di molti. Uno dei Bonvicini, venuto da Ardesio
a Brescia, probabilmente bruno di volto o di capelli, fu soprannominato Moretto; [1] poi per due
o più discendenti quel soprannome si mutò in
nome personale, poi in patronimico, e finalmente
per altri in un secondo cognome. E quest'ultima
mutazione deve essere avvenuta in Brescia, dove
abitavano moltissimi Bonvicini e diventava op-
portuna tale distinzione. [2]

Prima che il Vantini e il Fenaroli trovassero
la polizza d'estimo del Moretto, scritta nel 1548, [3]
anche l'anno del nascimento era incerto, giacchè,
seguendo il Cozzando, il quale a sua volta copiò
l'inesattissimo Rossi, [4] molti fecero nascere l'in-

---

[1] Così bisogna credere: anzi chiunque s'intende un po' di genealogia concederà facilmente che un terzo Moretto sia da collocarsi nel-
l'albero qual padre o fratello d'Assandro, bisavo del gran pittore come
è immaginato nell'albero genealogico recato in nota alla pag. 21.

[2] Da un rogito del 13 luglio 1570 (Arch. notarile, Atti del notaio
Giovanni Leni) si apprende che viveva allora in Brescia un altro Ales-
sandro Bonvicino « (D. Alexander et Hieronimus fratres q. spect. legum
Doctoris Jo. Francisci de Bonvicinis civ. et hab. Brixie). »

[3] Il Vantini, nell'annotazione riportata dallo Zambelli, dice esser
suo il merito di aver trovato questo prezioso documento. Alla sua volta
il Fenaroli riporta la polizza con queste parole: « Ecco la Polizza
d'estimo, che fortunatamente io potei trovare nel così detto Archivio
antico del Censo nel luglio del 1867. »

[4] ROSSI, Elogi historici di bresciani illustri, pag. 504. Brescia,
Fontana, 1620.

signe artefice nel 1514. Le parole: « mi Alessandro pittor, di età de anni circa cinquanta, »
scritte di sua mano nel 1548, tolgono ogni dubbio, e danno la sicura data della sua nascita, avvenuta circa il 1498.

Crebbe dunque Alessandro in quel tempo di
agitazioni e di angoscie, che vide succedersi la
dominazione francese e i fieri tentativi di riscossa,
la congiura scoperta, e i cospiratori decapitati,
l'eroica pugna contro i francesi e l'orribile sac-
cheggio della città. Anche oggi, dall'alto del
Cidneo, a canto alle grigie mura del Castello, la
memoria ricerca commossa la fresca gioventù del
Comune, il torbido imperversare delle signorie,
il gastigo della servitù straniera.

Fra le sventure e le lotte s'era temperata l'indole bresciana. Pareva che le gentilezze della
fantasia e le eleganze della cultura pochi allet-
tamenti potessero ormai offrire agli uomini che
avevano passata la giovinezza fra le armi, le congiure e le stragi. Benchè, nel 1516, Brescia fosse
restituita al mite governo della veneta Repubblica, durava ancora nella città l'austera melanconia dei dolori trascorsi.

Pure, fra cotanta storia, solcata di lagrime e di
sangue, germinava un fiore d'arte gentile. Quando

si ammirano le opere del Moretto, sorge vivo il
desiderio di conoscere anche l'animo di questo
attraentissimo artefice. Ma l'imagine di lui, dopo
il lungo decorso del tempo e in tanta povertà
di notizie che di lui ci furono tramandate, giunge
annebbiata, nè vien dato scoprire gl'intimi legami,
che stringono all'artefice l'uomo. Poco o nulla dicono di lui le storie. Nel 1548 abitava, celibe ancora, in contrada di San Clemente, in una casa propria, che aveva acquistata il 3 luglio del 1533, [1] e
della quale affittava una parte per lire venti « che
hora, » egli dice, « li posso haver hora no, per
capitarmi fituali mali pagadori. » Un'altra piccola
casa possedeva in Broletto. La polizza d'estimo
ci mostra, come per uno spiraglio di luce, l'animo
buono e benefico di Alessandro. Conviveva, no-

---

[1] Arch. notarile di Brescia, Atti Alessandro Patina. I confini della
casa sono descritti in tal modo: « cui de super toto coheret a mane et
a monte strata seu tresenda, a sero heredes q. M.ci Comitis Jo. Francisci de Gambara, seu D. Bartolomei de Pallatio, a meridie ingressus,
salvis, etc. » La casa sorge nel vicolo di San Clemente, di fronte al
tratto di via che mette alla chiesa di quel santo, e forma angolo col
vicolo Lungo, che va a finire in Piazza Novarino. Nel 1878, il Municipio di Brescia fece murare sulla facciata della modesta casa una lapide con la seguente iscrizione:

ALESSANDRO BONVICINO
DI SOPRANOME IL MORETTO
CHE SI PAREGGIA AI PIÙ GRANDI PITTORI
ABITÒ QUESTA CASA
M. NEL 1554

tifica egli, con donna Maria, sua cugina, « infirma già molti anni quale è di anni 40 et la tengo a tutte mie spese non avendo ne facoltà ne altra roba ne altro soccorso ch'el mio et per amor di Dio la sustento di tutto. » Inoltre, sotto il suo tetto ospitale, abitavano Paula d'anni diciassette, figlia di « Ms. Bernardino de Moreschi, cartaro povero e bisognoso, » la quale si doveva maritare, e una sorellina di lei, d'anni cinque « quale la tengo in casa continuo ad ogni mia spesa calzar et vestir anco lei. » O dolce uomo !

Visse il Moretto in pacifica mediocrità, ma non poveramente, come taluni asseriscono e come potrebbe far supporre la polizza d'estimo, la quale, come tutte le denunzie di stato attivo e passivo, cantava miseria, perchè il denunziante fosse un po' meno scorticato dai signori deputati all'estimo. [1] Proprio come ai nostri giorni !

---

(1) Negli Atti del notaio Patina (Arch. notarile) vi sono parecchi contratti che dimostrano come il Moretto non fosse povero. Accenno a qualcuno di quei contratti a me indicati dal Livi :

1541, 3 gennaio. Aless. Bonvicino restituisce due pezze di terra nelle chiusure a Lod. Borgogni.
1544. Dà a livello un pezzo di terra con casa nelle chiusure di Brescia a ....
1546, 1º dicembre. Compra una pezza di terra presso Poncarale.
1552, 30 gennaio. Compra da Vincenzo Baitelli alcuni beni in quel di Castegnato.
1552, 17 novembre. Chiara ved.ª del q. M.ro Vinc. de Flumine Nigro dà ad Aless. Bonvicino una casa, " cum curia in C. V. cui de super toto coheret a

Nel 1550, a cinquantadue anni, perchè non gli giungesse solitaria la vecchiezza e sfruttata dalla consolazione de'figli, si unì in matrimonio con Maria Moreschini,[1] dalla quale ebbe un figlio Pietro Vincenzo, che vestì l'abito della Compagnia di Gesù, e due figlie, Caterina e Isabella.[2]

Morì nel 1554[3] e fu sepolto secondo alcuni nella chiesa, secondo altri nel cimitero di San Cle-

---

meridie trasanda, a sero heredes q. D. Bart.ᶦ de Pallatio, a monte idem. D. Alexander. „ Questa casa era attigua all'altra citata nella polizza d'estimo.

1552, 13 dicembre. Aless. Bonvicino compra uno stabile in terra di Cobiato (Collebeato).

[1] Il Livi trovò fra gli Atti del notaio Bartolomeo Bianzani, sotto la data del 7 maggio 1555, una *Liberatio heredum Ser. Alex. de Bonvicinis a fratribus de Cedronis*, nella quale è nominata la vedova del Moretto, che fu « Maria filia q. D. Bernardini de Moreschinis. » Il qual *Bernardino* è certamente quel *cartaro povero e bisognoso*, ricordato nella polizza d'estimo del 1548, e la Maria dovea esser stata una maggior sorella della Paula. Il *Moreschi*, scritto con sincope dialettale, vuole l'accento sull'*i* e deve leggersi *Moreschini*.

[2] FENAROLI, *Aless. Bonvicino*, pagg. 31-32.

[3] In un atto dell'11 luglio 1574, relativo a case di proprietà del Moretto (Arch. notarile, Atti Giovanni Leni), si legge: « .... et cum sit quo de anno 1554 die 22 decembris, mortuo ipso D. Alexandro, tutores testamentarii ipsius D. Alexandri .... vendiderunt domos de quibus supra .... » Questo documento prova che il Moretto non era più al 22 dicembre 1554. Errò adunque il Fenaroli, affermando, sulla fede del Vantini, il Moretto esser morto nel 1555 invece che nel 1554, come giustamente leggesi nell'iscrizione posta sulla casa del pittore. L'avv. Pietro Morelli (*Conferenza su Alessandro Bonvicino*, pag. 27, Brescia, 1898), a questo proposito scrive: « Il Cicogna, direttore della pinacoteca Martinengo mi narrò che, in occasione del trasporto degli atti dei vecchi archivi del Comune e dell'Ospitale nei locali dell'Ateneo, gli capitò a caso fra mano una pergamena di provenienza dei soppressi

mente. [1] Non esistono altre memorie importanti
intorno alla vita modesta di questo artefice nobilis-
simo, che avrebbe potuto far sue le parole di
Leonardo: «Siccome una giornata bene spesa dà
lieto dormire, così una vita bene usata dà lieto

---

padri Benedettini, residenti nel già convento attiguo alla nostra chiesa
di S. Eufemia, dalla quale ha rilevato che il Moretto è morto precisamente nel 22 dicembre 1554.... Nella stessa pergamena si parla di una
commissione per un quadro, che quei frati avrebbero dato al Moretto,
ma che, *essendo questi sgrasiatamente mancato il 22 dicembre 1554,* venne
data al suo scolaro Richino Francesco. »

[1] Più probabilmente fu sepolto nel cimitero di San Clemente. Nel
monumento entro la chiesa non devono trovarsi le ossa, come da taluno
si crede. Nel 1842, nella ristaurata chiesa di San Clemente fu collocata
l'effigie del sovrano pittore, eseguita in bronzo dallo scultore Abbondio
Sangiorgio, con la seguente epigrafe del conte Luigi Lechi:

AL SOMMO PITTORE
ALESSANDRO BONVICINO
CHE IN QUESTA CHIESA
CONDUSSE MOLTE OPERE
E FU SEPOLTO
I CONCITTADINI

—

MDCCCXLIII

Lo stesso conte Lechi avea dettata l'epigrafe al Moretto, che si
legge sul ricordo marmoreo, eretto il 1835 nel cimitero comunale dal-
l'architetto Vantini alla memoria di alcuni celebri artisti bresciani:

ALESSANDRO BONVICINO
NATO CIRCA L'ANNO MCCCCLXXXXVIII MORTO NEL MDLV
PEL COLORITO AL VECELLIO
PER DISEGNO ALL'URBINATE VICINO
AVREBBE FORSE CON UNICO ESEMPIO
ENTRAMBI EMULATO
SE POVERTÀ D'ARDIMENTO
E STRETTEZZE PROVINCIALI
NON LO AVESSERO IMPEDITO
EBBE FAMA MINORE DELL'INGEGNO

morire. » Non si conosce neppur l'aspetto del suo volto, poichè un ritratto, fatto da sè stesso, che era in casa Gallo, posta in piazzetta di San Clemente, non si sa dove sia andato a finire. « Fece ancora, » scrive il Ridolfi, « il suo ritratto dallo specchio in giubbone di più colori: hor in casa del signor Francesco Gallo, peritissimo nelle leggi, e cortesissimo gentiluomo (da cui habbiamo tratto l'effigie sua). » Probabilmente l'incisione, nell'opera del Ridolfi, è tolta da quel dipinto, descritto così da Francesco Paglia, tronfio scrittore dei primi anni del settecento: « In casa dei Signori Galli conservasi il retratto del celebre Moretto fatto di propria mano, in habito diviso all'antica, cosa singolare e degna di gran lode, mentre da Tiziano a quelo, non v'è differenza un pelo. » [1]

In tanta povertà di notizie, la curiosità erudita continua a ricercare ogni orma dell'artefice immortale. Se è vero che molta parte dell'animo si rivela nelle opere, nessun pittore italiano del cinquecento fu, anche nella vita, più casto, più soave, più profondamente religioso del Moretto.

---

[1] PAGLIA, *Il giardino della pittura*, ms. della Bibliot. Queriniana (G. IV, 9), pag. 240.

E pare strano e desta un senso quasi di ram-
marico trovare il nome di questo purissimo artista accanto a quello turpe di Pietro Aretino.
Il Moretto fece il ritratto dell'Aretino, e benchè
sia conosciuta la lettera di ringraziamento scritta
dal triste uomo al pio e modesto pittore, non mi
sembra inopportuno qui riferirla:

A Messer Alessandro Moretto,

Il Sansovino scultor famoso, architetto mirabile ed
uomo diritto, è venuto in persona a consegnarmi il
ritratto che m'inviaste per gelosia del suo aver rica-
pito desiderato. Certo ch'egli per essere degno d'am-
miratione, è suto esaltato da tutti; et ogni perito nel-
l'arte, ha lodata la naturale unione de' colori distesi
nei lumi e nelle ombre con mirabile giuditio di gra-
tiosa maniera; et io per me sono tanto simile a me
nella pittura di Voi, che allora la fantasia, astratta nella
considerazione delle cose, e del mal vivere d'oggi, e
del fiero termine nel quale si vede la cristianità, mi
aliena la mente, tirandola per causa di ciò quasi al-
l'ultima disperatione, lo spirito per cui respiro, non sa
se il fiato suo è nella carne mia, o nel disegno vostro;
di modo che il dipinto pare più dubbio del vivo che
non fa lo specchio che rappresenta la imagine altrui
con i sensi della propria natura. In somma io per il
magistero, e non per il soggetto, sono dovuto ad ogni
principe, n'ho fatto un presente allo inclito et singolar
Duca d'Urbino, rifugio vero delle miserrime virtù d'Italia; et ciò mi è parso per onorar Brescia procreatrice

del Vostro divino intelletto; e per gradir me rassem-
blato dalle di lui efficacissime avvertenze. Ora, per non
sapere che altro farmi, ringrazio la generosità che vi
ha mosso, a così immortalmente riverirmi.

Di Settembre, in Venetia, MDXLIII. [1]

Questa lettera può far supporre che il pittore
già celebre sia stato almeno per breve tempo a
Venezia.

Un'altra volta si trova il nome del Moretto
ricordato dall'Aretino, il quale, scrivendo a Giorgio Vasari, accenna ad una lettera inviata al
duca d'Urbino, « alla quale, » egli dice, « ag-
giunsi un ritratto di me stesso, opera del Moretto bresciano, nella pittura spirito diligentis-
simo. » [2]

La lode di un tale uomo potrebbe offuscare
la fama del Moretto, se non si sapesse come
all'abietto Aretino non mancassero il favore e
l'amicizia degli ottimi. Esempio quella onesta e
pia Veronica Gàmbara, che al « divino signore
Pietro mio » scriveva: « Vi giuro per quanta rive-
renza porto alla molta virtù vostra, signor mio,
che ogni volta che da voi ricevo lettere, divengo

---

[1] BOTTARI, *Racc. di lett. sulla pitt. scult. ed arch.*, vol. III,
pag. 122, Milano, 1822.
[2] Id. Ibid., vol. III, p. 113.

cara a me stessa e mi persuado essere qualche cosa, dove che, senza esse, mi tengo niente. » [1]

. Nobile ed alta deve essere stata invece l'amicizia del Moretto con Agostino Gallo e con Gian Giacomo Antignati.

Agostino Gallo, nato nel 1499 in Brescia, ove morì nel 1570, fu, nonostante le acerbe censure dell'illustre Haller, [2] uno de' più insigni agronomi dei suoi tempi, e l'opera sua *Le venti giornate dell'agricoltura o dei piaceri della villa,* pubblicata per la prima volta nel 1550, si può ancora consultare con profitto, perchè, non inspirata a pregiudizi volgari, è frutto di lunghe esperienze. Agostino Gallo fu il primo a introdurre in Italia la coltivazione del riso e del trifoglio. Ingegno bizzarro, ornato di studi letterari ed artistici, ebbe affettuosa intrinsichezza col Moretto, dal quale fu nominato esecutore testamentario [3] e, insieme con la vedova Maria Moreschini, tutore dei figliuoli.

---

[1] GAMBA, *Lett. di donne italiane nel secolo XVI,* pag. 22. Venezia, MDCCCXXXII.

[2] Haller chiama il Gallo : « verbosus senex omnia obvia, etiam aliena profert. » (*Bibliotheca Botanica,* Par. I, pag. 304, 1771).

[3] Dalla citata *Liberatio heredum ser Alex. de Bonvicinis,* etc. (Arch. not. Atti Bianzani, 7 maggio 1555) appare come il Gallo fosse nominato esecutore testamentario. Nell'Archivio notarile, fra gli Atti del notaio Giovanni Leni, il Livi trovò, in data del 17 agosto 1575, la *Divisio inter Collegium S.ti Antonii Brixie et dominas sorores de Bon-*

Al Bonvicino fu pure amico diletto il celebre
fabbricatore d'organi Gian Giacomo Antignati.
Nato Gian Giacomo nel 1501, da quel Bartolomeo, che iniziò e condusse a perfezione l'arte
dell'organaio in Lombardia, fu egli pure, secondo
il Lanfranco:[1] « l'unico e il più bravo fabbricatore di organi dei meglio accordati che si fa-
cessero ai suoi tempi. » Costruì l'organo di Santa
Maria delle Grazie in Brescia, nel 1533, e si recò
poi a Milano a compierne uno nella chiesa di
San Maurizio e uno, nel 1540, nella chiesa di
Sant'Eustorgio. Quest'ultimo riuscì di così rara
perfezione, da essere riputato il migliore della
città. Dopo ciò, anche la Metropolitana di Milano volle avere un organo del valoroso maestro,

---

vicinis, in cui rilevasi che il Moretto fece testamento il 9 dicembre 1554
(rogito Bartolomeo Foresti), istituendo suo erede universale Pietro Vincenzo e sostituendo a questo, pel caso che morisse senza legittima figliuo-
lanza, Caterina e Isabella sue figliuole in parti eguali. Da questo atto
si apprende inoltre che Pietro Vincenzo morì nel maggio 1572, istituendo
erede universale (testamento 8 maggio 1572 - Atti Leni) il collegio di
Sant'Antonio, e che la vedova del Moretto era ancora vivente nel 1575.
Sono poi notati molti legati fatti dal Moretto, ma non vi è alcuna memoria intorno alle sue opere di pittura. Non potè il Livi trovare il
testamento del Moretto, perchè nell'Archivio gli Atti del notaio Bartolomeo Foresti cominciano col 1558. La Caterina, ultimo rampollo della
stirpe del Moretto, visse fino al novembre del 1617 e morì in Botto-
naga (ora Chiesa Nuova) nelle chiusure di Brescia. Cfr. FENAROLI, Dis.,
pag. 60).

[1] Scintille ossia regole di musica, ecc. Brescia, 1553.

chiamato nei contratti: « Joannes Jacobus de Antignate filius quond. Bartholomei, Portae Ticinensis parochiae S. Alexandri in Zebedia, Mediolani. » L'opera fu vivamente encomiata da Lodovico Bebullo, deputato e vicerettore della fabbrica del tempio, e rimunerata col prezzo convenuto di 550 scudi d'oro. A quanto pare, Gian Giacomo mantenne il suo domicilio a Milano, formando così un ramo degli Antignati, staccato da quello di Brescia. [1] Ma a Brescia l'Antignati continuò ad avere, oltre che relazioni di parentela, affettuosi legami di amicizia. Fra questi, prima l'intimità col Moretto. Nell'archivio comunale di Salò trovasi una lettera, [2] nella quale l'insigne pittore, essendosi recato nel 1530 a Milano, si occupa con cura dell'organo della cattedrale salodiana, che doveva essere ristaurato dall'amico suo Gian Giacomo.

Ecco la lettera, diretta a un monsignor Savallo di Salò:

---

[1] MUONI, *Gli Antignati organari insigni* (*Arch. storico lombardo*, 1883). – VALENTINI, *I musicisti bresciani*, Brescia, 1894.

[2] Ho pubblicato la lettera inedita dal Moretto nella *Gazzetta musicale* di Milano (13 ottobre 1895) e nel *Nuovo Archivio Veneto* (Venezia, t. XII, parte I). – Intorno all'organo del duomo salodiano esistono nell'Archivio di Salò due altre lettere di Gio. Francesco Antignati, cugino di Gio. Giacomo.

4

Jesus Maria

Perchè fin l' altro giorno, R.^{do} Monsignor, per parte de messer Zuane alias aueua cura del organo et perchè a mi occorreva andar per mie facende a Milano, fomi per nomme suo datto comissione dovesse veder di condure M^{ro} Jo. Jacomo organista, qual altre fiate condusse da V. S. ora ritornato, aviso quella, quale si dignarà conferir cum il prefatto messer Zuane et farli saper come a sufficientia i' azo parlato al ditto M^{ro} Jo. Jacomo et anchora pregato cum me volesse venir et non ha voluto, atento che avendo qualche occupatione et non sapendo ciò che voliano far in ditto suo instrumento cioè organo: et se sonno de voler di far una impresa onorevele et rifarlo tutto, lui si è molto contento de venir ad ogni auiso: et se voleno ripezar detto instrumento, lui dice non volerse impazar: del che aueria accaro V. S. dil tutto se informasse e deliberano ciò che voliano far secondo la information e polize alias per ditto M^{ro} Jo. Jacomo forno fatte de la spesa et manifatura, et che modo sarà dil danaro: perchè lui desidera se ha ad fare impresa alchuna cum la Idio gratia far una cosa rara: così mi ha ditto et perhò vole saper el tutto. Parendo a V. S. darmi aviso, io li risponderò quanto quella me farà saper, a la qual di continuo humilmente me ricomando

ali 23 decembrio 1530
De V. S.

Servitore ALEXANDRO BONVICINO
pictor.

Al R.^{do} Domino Donato Sauallo
mio sempre obseruandissimo in Salò.

Con quale interessamento affettuoso il Moretto riferisce la dignitosa risposta dell'organaio, che voleva fare opera onorevole e compiuta e non già una affrettata racconciatura! « Desidera – così il Moretto – se ha da fare impresa alcuna cum la Iddio grazia far una cosa rara. »

Un altro documento conferma l'intimità del Moretto con l'Antignati. Nella scrittura per l'organo del Duomo fra la comunità di Brescia e Gian Giacomo Antignati[1] v'è, tra gli altri, questo capitolo:

Per la observantia de tutte le soprascritte cose M[ro] Alexandro di Bonvicini, ditto Moretto, cittadin et habitante in Brexa, promette ch'el ditto M[ro] Jo: Jacobo observerà et attandarà tutte le cose contente in li soprascritti Capituli.

Quale alta significazione nella malleverìa prestata da « magistro Alexandro » a « magistro Jacobo! » Come in quell'arido capitolo di contratto, è nobile e poetico l'abbraccio fra le due arti!

[1] Arch. del Com. Atti del notaio Fabio Emilii, 20 ottobre 1536, b.[a] n. 735. La scrittura fu da me integralmente pubblicata nella *Gazzetta musicale* di Milano (10 marzo 1898).

II

IL PITTORE

———

Se così scarsa di notizie, così occulta è la vita dell'uomo, la vita del pittore, per converso, si mostra aperta e nobilmente operosa.

Quando, circa il 1498, Alessandro Bonvicino nasceva in Brescia, l'omonimo zio paterno di lui, detto comunemente Alessandro Ardesio, il pittore della Loggia municipale, era morto da quattordici anni. Viveva ancora il padre, quel *Petrus de Bonvicinis pictor,* il quale deve aver insegnato i primi rudimenti del disegno al fanciullo, prima di mandarlo nella bottega di Floriano o Fioravante Ferramola, uscito alla sua volta dalla scuola comunale di pittura diretta da Vincenzo Foppa il vecchio, [1]

———

[1] La morte del Foppa avvenne nel 1492, come dice la lapide sul suo sepolcro in San Barnaba di Brescia.

buono maestro, come lo chiamava Antonio Averu-
lino detto il Filarete.

Il giovane Alessandro manifestò presto la pron-
tezza dell'ingegno, così da poter dipingere,
nel 1516, insieme col suo maestro Ferramola, [1]
le imposte dell'organo del vecchio duomo bresciano e da solo un gonfalone per la Confraternita
delle SS. Croci. Si credono opere del Moretto,
eseguite insieme col Ferramola nel 1518, altre
due imposte d'organo della chiesa dei Santi Faustino e Giovita, ora collocate nel tempio di Santa
Maria in Lovere, ma Giovanni Morelli vi ricono-
sce invece la maniera caratteristica del Romanino. [2]

Nel fiore de' suoi vent'anni, col pensiero ricco
d'immagini, il Moretto dovè sentire il bisogno
di uscire dai lacci del noviziato. Chi compì la
sua istruzione artistica? O non forse trovò da
solo quella via, che dovea condurlo a rendersi
così ragguardevole in un'età, pur tanto ricca di
grandi ingegni?

---

[1] PANDOLFO NASSINO (*Registro di cose bresciane*, ms. presso la
Bibl. Queriniana, C. I. 15) registra la morte di Floriano Ferramola al
3 luglio 1528.

[2] MORELLI, *Le opere dei maestri italiani*, ecc., trad., pag. 416 nota.
Bologna, 1886.

Parecchi scrittori dicono il giovane pittore esser andato a Venezia, dove i Bellini, il Carpaccio, Cima da Conegliano, Giorgione aveano già iniziata quell'arte, che nella splendidezza mirabile del colorito rifletteva la bellezza del luogo e la grandezza della civiltà veneziana.

Venezia *metropoli di molte altre città,* come la chiamò il Palladio, era il focolare dell'arte a cui tutti gl'ingegni cercavano di accostarsi. Perchè non vi deve essere andato il Moretto?

Tra le feste della religione, che si avvicendavano con quelle dello Stato, tra la magnificenza dei templi e dei palazzi patrizi, s'alzava gloriosamente il genio di Tiziano. Non è forse probabile abbia il Moretto sentito il desiderio di conoscer da vicino quel sovrano dell'arte e di udirne gli ammaestramenti?

Da questi poco sicuri argomenti devono essere partiti il Lanzi, che dice il Moretto *uscito dalla scuola di Tiziano* e *traduttore di tutto il fare del maestro,* [1] il Ridolfi, che afferma essere egli *ancora fanciullo passato a Venezia in casa di Tiziano,* [2] il Nicoli-Cristiani e il Ticozzi che lo ritengono

---

[1] LANZI, *St. pittorica: Scuola Veneta.*
[2] RIDOLFI, *Meraviglie dell'arte,* ecc.

discepolo di Tiziano, [1] il Sala che ne parla come di *uno dei più valenti discepoli del Vecellio* e apportatore dell'arte veneta in Brescia, [2] il barone di Ransonnet che, venendo dopo gli altri, sente l'obbligo di dare particolari più esatti e scrive addirittura: *crescendo egli al padre di belle speranze, l'acconciò col Vecellio a Venezia*. [3] E anche adesso si continua a dire la stessa cosa.

Di tutti questi autori il più degno di fede è il Ridolfi, il quale, come si è visto, attinse notizie intorno al pittore in Brescia, in casa degli eredi di Agostino Gallo, l'amico più caro del Moretto. E le parole del Ridolfi: *ancora fanciullo passò a Venezia in casa del Tiziano*, non dovrebbero lasciar luogo a dubbi. Se non che l'accurato Vantini e il Fenaroli osservano come l'opinione volgare che il Moretto si sia iniziato in Venezia alla scuola di Tiziano sia contraddetta dalla data che il pittore usava porre nei migliori de' suoi dipinti, e come il suo soggiorno alle lagune in giovanile età non sia confermato da alcun documento. [4]

---

[1] NICOLI-CRISTIANI, *Vita di Lattansio Gàmbara*, pag. 139. Brescia, 1807. – TICOZZI, *Dis. degli Arch., Scult. e Pitt.* Milano, 1833.

[2] SALA, *Pitture ecc., di Brescia*, pag. 43. Brescia, Cavalieri, 1834.

[3] RANSONNET, *Sopra un dipinto di A. Buonvicino*, trad. Brescia, 1845.

[4] Anche lo ZANARDELLI nelle *Lettere sulla Esposizione Bresciana*

Anzi gli indizi che possono trarsi dalle vecchie carte, farebbero supporre non abbia egli abbandonato il paese bresciano, se non per brevissimo tempo e già maturo d'anni.

Traesse i suoi giorni continuamente nel dolce aere dei suoi colli nativi o avvivasse l'ingegno con la vista degli splendori veneziani; trovasse da sè solo la via, dopo i primi ammaestramenti del Ferramola, o chiedesse al Tiziano d'indicargli l'alta mèta dell'arte, non si può con esattezza affermare; [1] certo è che il suo ingegno fu riscaldato dal sole dell'arte veneziana, e all'arte veneziana, secondo tutti i più riputati critici, deve egli essere ascritto, come una delle glorie più insigni.

Fin dal secolo XV, non pure nella Dominante, ma in molti paesi soggetti a Venezia, la pittura si andava svolgendo come per tanti rivi, sboccanti nel gran fiume regale dell'arte veneziana.

Brescia poteva andare altera di antichissime tradizioni di arte indigena. Sono infatti del nono o

---

(Milano 1859, pag. 359) scrive : « Nessuno dei tre più valenti nostri pittori, il Moretto, il Romanino, il Gàmbara, fu mai per istudio a Venezia, e i due primi non sembra che colà siansi tampoco recati. »

[1] Il *Lexicon* del SINGER (*Allgemeines Künstler*, pag. 246. Frankfurt, 1897) fa il Moretto scolare del Romanino.

del decimo secolo, e possono considerarsi fra i primi tentativi dell'arte cristiana le imagini di Elena e di Costantino nel mirabile tempio sotterraneo di San Filastrio, e appartengono al secolo XIII altre pitture della stessa chiesa, raffiguranti tre vescovi bresciani con l'arcangelo Michele.[1] Vi sono poi memorie fin dal 1174 di un Guardo pittore bresciano, di un Acquistabene vivente nel 1295, di un Coradino nel 1385, di un Bartolomeo Testorino nel 1387, di un Giovanni q. Girardi di Tintori nel 1388.[2]

Di questi oscuri pennellatori appena il nome si ritrova. Ma in sull'aprirsi del quattrocento, quando Gentile da Fabriano giungeva a Brescia per dipingere una cappella al principe Pandolfo Malatesta,[3] sorgeva un'arte timida e incerta dap-

---

[1] CROWE AND CAVALCASELLE, *Hist. of painting in North-Italy*. IV.

[2] COCCHETTI, *Del movimento intellettuale nella prov. di Brescia*, pag. 48. Brescia, 1880.

[3] Gentile da Fabriano è ricordato in un volume appartenente alla Camera di Pandolfo Malatesta, signore di Brescia, sotto la data 17 aprile 1414, in un altro del 1415, ove è parola della provvigione a lui assegnata di *ducati duecento* pel mese di gennaio. Ancora il nome di Gentile ricorre in un giornale del 1415 e in altri registri di spesa del 1416, del 1417, del 1418 e infine del 1419. In altro libro del periodo 1415-1421 il pittore è chiamato *Magister Gentilis de Fabriano pictor capelle Magnifici et excelsi domini nostri*. La cappella dipinta sorgeva nell'antico Broletto di Brescia. - ZONGHI, *Repertorio dell'antico archivio com. di Fano*. Fano, 1888.

prima, ma così ricca di vigore natìo, da poter già, in sullo scorcio dello stesso secolo e nei primordi del seguente, espandersi in ricca fioritura.

Con Vincenzo Foppa il vecchio (m. 1492),[1] con Floriano Ferramola (m. 1528), con Paolo Zoppo (m. 1530), con Girolamo Savoldo, che fioriva nel 1540, e con Vincenzo Foppa il giovane, ancor vivo nel 1533, Brescia comparisce degnamente nel campo dell'arte. E con Brescia, altre città lombarde, come Pavia, Como, Crema, Cremona, Bergamo, Lodi, Treviglio vedono sorgere, gagliarda generazione di artisti, Vincenzo Civerchio, Ambrogio Borgognone, lo Zenale, il Buttinone, Andrea Previtali, Bartolomeo Montagna, [2] il quale ultimo però, sebbene nato ad Orzinuovi, dimorò a Vicenza per oltre quarant'anni e vi ottenne diritto di cittadinanza. [3]

---

[1] Il Vasari ricorda come il Foppa venisse scelto a dipingere in Milano fino dal 1447 e osserva com'egli fosse *il miglior maestro di quei paesi*. E nel 1461 i Priori della Divozione di San Giovanni Battista commisero a maestro Vincenzo da Brescia di dipingere la cappella del Precursore nella cattedrale di Genova *tam in facie quam in cœlo,* ma le pitture non furono potute eseguire per controversie insorte fra il pittore e il Priore. VARNI, *Commentario delle opere di Matteo Civitali* (*Atti della Società Ligure di Storia Patria*, vol. IV, pag. 1-34).

[2] MÜNTZ, *Hist. de l'Art pendant la Renaissance*, II. pag. 187, Paris, 1889.

[3] FENAROLI, *Dis. degli artisti bresciani*, pag. 180.

Erano essi nel pieno rigoglio dell'ingegno, quando, nel 1483, la Lombardia fu a un tratto piena del gran nome di Leonardo. E in vero la scuola lombarda, che sentiva un po' del tedesco e seguiva la maniera robusta ma rigida dello Squarcione e del Mantegna, parve, dopo l'arrivo dell'artefice divino, uscisse tra le campagne verdi a respirare l'alito fresco della primavera. E Bernardo Zenale e il Buttinone, ambidue da Treviglio, e il bresciano Vincenzo Foppa s'accostarono a poco a poco al fare di Leonardo, le forme e gl'intendimenti del quale continuarono ne' suoi scolari ed imitatori, in Bernardino Luini, in Andrea Solario, in Francesco Melzi, nel Salaino, in Marco d'Oggiono, nel Beltraffio, in Cesare da Sesto, in Giovanni Petrino, in Bernardino de'Conti, in Francesco Napolitano e nell'ultimo e glorioso rampollo della famiglia leonardesca, Gaudenzio Ferrari.

Nel tempo medesimo, a Venezia la fervida vita di quella federazione di mercanti e di marinai, di operai e di soldati trovava la sua consecrazione in un'arte lieta di giovanile esultanza e di stupenda magnificenza.

Da Venezia giungevano a Brescia, città diletta a San Marco, non pure l'eco delle feste e delle pompe, ma altresì parecchi dipinti, nei quali era come un riflesso della gloria fulgida della Repubblica.

Quale impressione, ad esempio, deve essersi destata nell'animo di quanti in Brescia aveano il culto dell'arte, quando, nel 1522,[1] giungeva il polittico rappresentante la *Resurrezione di Cristo*, eseguito dal Vecellio per la chiesa dei Santi Nazaro e Celso, e in cui rade volte la pittura raggiunse eguale lucidezza, robustezza ed espressione! Lo stesso Tiziano, scelto poi per dipingere i quadri nella gran sala della Loggia, scriveva ai deputati della fabbrica di sentirsi non meno affezionato a Brescia che alla sua propria patria, « sì per le eccellenti sue qualità, come per li molti amici e patroni che sentiva di avere in lei. »

In questo tempo, in questa città, in tali circostanze, fra tali ammaestramenti, crescevano due grandissimi ingegni, due animi gentili, che nell'emulazione dell'arte attinsero forza, non mai ira nè invidia: Girolamo Romanino e Alessandro Bonvicino.

Anche se il Bonvicino andò nella sua giovinezza a Venezia, non vi rimase a lungo, giacchè,

---

[1] ODORICI, *Guida di Brescia*, pag. 81. Brescia, 1882.

nel 1521, il priore e i deputati del monastero
di San Giovanni Evangelista in Brescia davano
commissione di dipingere la cappella del Sacramento nella chiesa di San Giovanni *Magistro
Hieronimo de Rumani sive de Rumano et Magistro Alexandro de Bonvisinis pictoribus et civibus
et habitatoribus Brixiae.* [1]

Il Romanino, nato in Brescia circa il 1485,
aveva tredici anni più del suo competitore. Tutti
e due nella piena vigoria della vita si misero
all'opera accesi da una nobile emulazione. « Questo è il loco dello steccato dove duellarono as-
sieme Moretto e Romanino, se concittadini di
patria, emulatori nella gloria » esclama con enfasi
secentistica uno scrittore bresciano. [2] Ma forse
le stesse inquietudini e le ansie della gara, non
lasciarono ad essi libera e serena l'immaginazione,
e i dipinti della Cappella del Sacramento non
sono fra quelli che più onorino i due artefici. [3]

---

[1] Il contratto con cui i pittori Romanino e Moretto si obbligavano
di dipingere la Cappella del SS. Sacramento in San Giovanni Evangelista fu pubblicata dal FENAROLI, nel cit. opuscolo sul Moretto, pag. 38.

[2] AVEROLDI, *Le scelte pitture di Brescia*, pag. 71. Brescia, Rizzardi, 1700.

[3] Entrando nella Cappella a destra sono tutti quadri del Moretto,
a sinistra del Romanino. Il Moretto dipinse sulla parete: *La raccolta
della manna, Elia destato dall'Angelo;* negli angoli gli *Evangelisti Marco
e Luca;* nella lunetta superiore *L'ultima cena;* sull'arcata del vòlto sei

L'ingegno fantasioso e drammatico del Romanino riescì qui torbido e oscuro, quello medita-
tivo e calmo del Moretto non seppe nelle scene
in cui si richiedeva movimento, come nella *Raccolta della manna nel deserto,* mostrarsi vigoroso
ed energico. [1]

Del resto, nello spirito sereno del Moretto non
sapevano entrare immagini tumultuose: la sua
anima tranquilla non comprendeva le violenze
del sentimento, ricusava movimenti drammatici
e artifizi complessi. « Si distingueva comunemente nel delicato, di rado nel grande » bene
osserva il Lanzi. Così, quando volle trattare soggetti dai forti contrasti e dalle composizioni com-
plicate, non seppe ottenere robustezza efficace
come nel misero quadro della *Conversione di San
Paolo* in San Celso a Milano, nel *San Pietro Martire* della pinacoteca Ambrosiana, nella *Strage
degli Innocenti* in San Giovanni Evangelista e nel
Simon Mago in Santo Cristo di Brescia. [2]

---

mezze figure di profeti. Il Romanino eseguì sulla opposta parete il *Banchetto in casa del Fariseo* e la *Risurrezione di Lazzaro;* negli angoli
gli altri due evangelisti *Matteo e Giovanni;* nella lunetta *L'adorazione
del Sacramento,* e sull'arcata del vòlto oltre sei mezze figure di profeti.

[1] FRIZZONI, *Aless. Bonvicino detto il Moretto* (*Giornale di Erud.
Artistica,* Perugia, 1896).

[2] FRIZZONI, *La pinacoteca com. Martinengo in Brescia* (*Arch. Sto-*

Certo, meglio che nel Moretto, v'è in Romanino passione drammatica, vivacità di motivi e
di effetti, specie nelle opere a fresco, nelle quali

La Strage degli Innocenti
Chiesa di San Giovanni Evangelista in Brescia

si rivela un meraviglioso improvvisatore, il cui
ingegno ruvido, eccessivo, alle volte quasi sover-
chiante, non ricerca, come l'emulo suo, timide

rico dell'Arte, Roma, anno II, 1889). − *Serie di capolavori dell'arte
italiana*, (ibid. anno V, 1892).

bellezze, caste dolcezze di espressione, ma sa
mettere ad effetto il baldo connubio dell'ardire
e dello studio, entrando, fecondo trasformatore,
nell'opera d'altri, particolarmente di Giorgione
e di Tiziano.

Il Vasari, che nella *Vita di Girolamo da Carpi*
accenna appena al Moretto, giudica però questi
superiore al Romanino; il Lanzi invece crede
il Romanino abbia avanzato il Moretto in genio
e in franchezza di pennello.

Inutili e vani paragoni!

Hanno entrambi pregi e doti proprie e dis-
simili fra loro, e ciascuno di essi, considerato nella
sua particolare impronta, è ugualmente degno di
ammirazione.

Il Moretto non sembra un uomo del suo tempo,
e benchè appartenga alla veneta scuola, non può
tuttavia andare unito a quei veneziani del cinquecento, che cercavano di parlare più agli occhi
che al cuore, mirando ad una perfezione tutta
esteriore e sensibile.

Certo anche sul suo sereno ingegno ebbe azione
la calda fantasia dell'emulo Romanino, certo anch'egli si lasciò qualche volta sedurre dal fàscino
della luminosa pittura veneziana, e una delle sue
prime opere *Cristo che porta la croce,* nella galleria

5

comunale di Bergamo, con la data del 1518, fu
attribuito al Vecellio, [1] e nella celebre pala di
San Nicolò da Bari, non solo il tinteggiare e il

San Nicolò da Bari e La Vergine
Galleria Martinengo in Brescia

drappeggiare, ma anche il modo e le forme della
composizione sono, per dirla col Lanzi, del miglior conio tizianesco. E v'è qualche volta così

---

[1] MORELLI, *Le opere dei maestri italiani*, ecc. pag. 412. Bologna, 1886.

grande rassomiglianza tra i due pittori, da far
ritenere, ad esempio, di mano del Vecellio quattro piccoli e attraenti dipinti del Museo di Colo-
nia, rappresentanti la *Visitazione,* la *Nascita di
Gesù,* l'*Adorazione dei tre Re* e la *Circoncisione*
che taluni, con buone ragioni, credono invece
del Moretto. [1]

Che il Moretto studiasse con grande amore
Tiziano, pur mantenendo intatta l'impronta del-
l'indole sua, fa testimonianza la copia da lui
eseguita del *San Sebastiano,* una delle cinque tavole del Vecellio nella chiesa dei Santi Nazaro
e Celso. La copia che, al dire dei più intelligenti,
ha tutte le orme del fare morettiano, si conser-
vava, fino a pochi anni or sono, nell'Istituto Cac-
ciamatta in Tavernola sul Lago d'Iseo. [2]

Anche della maniera veneziana si risentono le
tempere nel coro di San Giovanni, rappresentanti fatti della vita del Precursore, l'*Elia dor-
miente* nella cappella del Sacramento della cattedrale antica e la *Cena in Emaus* nella galleria
comunale Martinengo, proveniente dal refettorio
dell'abazia dei Carmelitani in Rodengo, quadro

---

[1] TODE, *Pitture di maestri italiani nelle gallerie minori di Germania. (Arch. Stor. dell'Arte.* Roma, 1889, pag. 54).

[2] Fu venduta recentemente non si sa a chi.

di cupa e calda intonazione, di un vivo sentimento realistico, nella spontanea natura dei movimenti e delle espressioni. [1]

La Cena in Emaus
Galleria Martinengo in Brescia

Nell'opera del Moretto si deve però recisa-
mente escludere, come dimostra Giovanni Morelli,
l'azione di Palma il vecchio, che il Kugler, il
Bode, il Burckhardt, il Cavalcaselle ed altri vo-
gliono vedervi, non accorgendosi come le forme
eleganti del bresciano sieno del tutto diverse dalle
forme del bergamasco, e le tinte cariche e do-
rate di quest'ultimo sieno in diretta opposizione
coi colori argentini del Bonvicino. [2]

Qualche volta, quasi per non lasciarsi vincere

---

[1] Crowe and Cavalcaselle, II, pag. 405.
[2] Morelli, *Le opere dei maestri italiani*, ecc. pag. 412. - *Della pittura italiana*, pag. 292. Milano, 1897.

dalle seduzioni del colorito veneziano, quasi per mostrare di preferire il bello del contorno a quello delle tinte, l'artefice bresciano si fa imitatore del Sanzio, come in alcune figure della *Strage degli Innocenti* in San Giovanni Evangelista, in cui le reminiscenze raffaellesche appaiono evidenti, e nell'*Incoronazione della Vergine*, nella chiesa dei Santi Nazaro e Celso, dove l'arcangelo Raffaello arieggia palesemente allo stile dell'Urbinate.

E fra le ricerche e gli studi, il pittore sarà anche andato qualche volta a inspirarsi a quelle due opere sublimi per religiosa semplicità, che sono l'*Annunciata* di frate Angelico nella chiesa di Sant'Alessandro [1] e il *Cristo morto*, attribuito a Giambellino, nella chiesa di San Giovanni Evangelista. [2]

---

[1] Il dittico che rappresenta l'Angelo e la Vergine è opera di frate Angelico da Fiesole. I registri della parrocchia di Sant'Alessandro recano alcune anticipazioni al pittore per quella tavola, trasportata da Firenze a Brescia nel 1433. (MARCHESE, *Memorie dei più insigni pittori*, pagg. 284 e 401, Firenze, 1854). Dinanzi all'autorità del documento non sono possibili i dubbi e le ipotesi, sebbene i dotti dell'arte non riscontrino nella bellissima pittura alcun segno dello stile dell'Angelico. Parrebbe opera di Gentile da Fabriano.

[2] L'AVEROLDI (*Pitture di Brescia*, a pag. 73) la dice « tavola pro- « digiosa, in cui l'inventore ebbe nell'idea i più rinomati pittori de' suoi « tempi. Chi fisa lo sguardo nel Cristo deposto dalla Croce, ed osserva « quel gentile contorno, e la morbidezza di quel corpo esangue, lo giura « di Raffaello » e così continua esaminandone le bellezze,... paragonando

Ma assaggiando ora uno stile ora un altro ne venne formando uno tutto suo proprio, e sono esagerazioni da buon secentista questi giudizi dell'Averoldi:

Studiò anzi seguitò la maniera di Raffaello d'Urbino, e con molta fortuna non tanto ne fu suo seguace alla lontana, ma tutto vicino vi si appressò, onde alcuni più rinomati pittori, quasi come uccelli all'uve di Zeusi, vedendo alcune tavole del Moretto le battezzarono di Raffaello.

E più avanti, parlando della *Strage degli Innocenti,* una delle opere più deboli del Moretto, lo scrittore esclama:

------

il pittore ora a Tiziano, ora ad Alberto Durero. Il BROGNOLI (*Nuova Guida*, a pag. 160) scrive: « la tavoletta esprimente il funerale di Cristo « è la sola opera di Giovanni Bellini nelle nostre chiese. Giudizio da pro- « fessore è quello del Sala, che dice, studiato essere il nudo, scelto nelle « parti, e sfumato oltre ogni passato esempio. » Il PAGLIA, nel suo ms. *Giardino della Pittura*, è dubbioso sopra l'autore di questo quadro dicendo tenersi di Giovanni Bellini, ancorachè possa essere di Paris Bordone, oppure di Palma il vecchio. Il CARBONI, *Pitt. di Brescia*, dice: « La piccola « tavola dell'Altare del SS. Sacram., la qual rappresenta Cristo già de- « posto dalla Croce e preparato per darli sepoltura, è stata creduta di « Girolamo Savoldi, ma è di Zan Bellini, autore assai più antico. » ALESS. SALA, nella sua *Guida o pitture in Brescia*, non lascia alcun dubbio, che il quadro e la tavola rappresentante la Maria e i fedeli intorno alla spoglia di Cristo sia di Gian Bellini. Egli dice: « di que- « sta tavola, pregiatissima tra le più insigni che si ammirano in Brescia « ne fu autore Giovanni Bellini, maestro di Tiziano. » Più recenti critici credono invece autore di questa opera il cremasco Vincenzo Civerchio, che lavorò in Brescia fra gli anni 1493-1509. Secondo il Morelli, il Civerchio fu maestro del Romanino.

L'Incoronazione della Vergine e Santi
Chiesa dei SS. Nazaro e Celso in Brescia

Ora di piè fermo e pupilla immobile affacciatevi alla tavola del terzo altare ; qui Moretto prende le mosse alla zuffa virtuosa, per accozzarsi con Romanino, e direi meglio per superare Raffaello il di lui maestro, mentre ristrinse il più sublime decretato dell'arte.... Il pennello può far di più? Ditelo per la vita vostra! [1]

Di questa enfasi rettorica non va esente, dopo due secoli, la critica moderna.

Fra i riverberi leonardeschi, gli ammaestramenti di Raffaello, studiato nei rami di Marcantonio Raimondi, e i fàscini della pittura veneziana, il Moretto serbò le stupende e singolari virtù del suo ingegno, seguendo sempre la sua idea, sempre raccolto nella mansuetudine della sua arte austera.

Per ciò sembra arrischiato il giudizio di chi vede nel Bonvicino un *grande assimilatore.* [2] Egli sentì e pensò da sè, senza mai assoggettarsi al dominio neppur dei sommi, dei quali troviamo ne' suoi quadri talune reminiscenze, non mai una impronta assoluta.

Ei fu sopra tutto bresciano, e l'indole del popolo e del paese bresciano si riflette nella sua opera. Le congiure e le rivolte cittadine che

---

[1] AVEROLDI, *Op. cit.*, pagg. 16 e 65.
[2] *Catalogo delle RR. Gallerie di Venezia*. Venezia, 1895.

turbarono gli anni della sua fanciullezza lasciarono come una posatura di mestizia in fondo alla sua anima, che dalle procelle della vita cercò rifugio nel sentimento della speranza e nelle caste dolcezze della fede, unico conforto al cuore, rotto dalle disgrazie e logorato dai fastidi.

Intorno a lui, ai tumulti sanguinosi degli uomini, alle tristi cose vedute e vissute, facevano contrasto i bei colli, da cui si domina l'ampia pianura lombarda. E poichè l'arte prende il suo aspetto dalla qualità del luogo ov'ella si produce, lo stile del Bonvicino temperato dall'aere circostante prese elegante compostezza di linee e nobiltà morale di forme. Nel paese bresciano nulla di mobile, di vario, di fantastico, come a Venezia, in cui la facoltà visiva è percossa dall'azione stupenda della luce sovra il cangiante volume delle acque. Entro a quel ridente anfiteatro di colline, che dalla valle del Mella va digradando fino agli estremi poggi della Mandolossa, tra la magnifica festa della verzura e dei fiori vivono le cose come in una quiete meditabonda, da cui salgono al cielo voci di mobili rivi e freschi soffi di sorgenti profonde. Qui il Moretto, trovava quella serenità, che spira dai suoi quadri nelle dolci lontananze di colli, di ca-

stelli, di laghi, e si riflette perfino nella gamma
tenue, quieta, argentina del colorito, le cui me-
stiche, di poche terre o lacche composte, non
hanno perduto la primitiva trasparenza. I raggi
dorati della tavolozza veneziana si rivestono nei
quadri del Bonvicino di una tinta più dolce, che
pare un'emanazione del suo genio delicato. [1]

« Quanto al colorito » scrive il Lanzi « il Moretto siegue un metodo che sorprende per la
novità e per l'effetto. Il più che lo caratterizzi è
un graziosissimo giuoco di bianco e di scuro in
masse non grandi, ma ben temperate fra loro e
ben contrapposte. Usa egli di questo artifizio
così nelle figure, come nei campi ; ove finge tal-
volta nuvole di colori similmente opposti. Ama
per lo più fondi assai chiari, da' quali le figure
risaltano mirabilmente. »

La immaginazione dell'artefice è governata da
un affetto purissimo :

lo ingegno affrena
Perchè non corra che virtù nol guidi,

si potrebbe dire con Dante. Il suo fuoco più
che bruciare risplende ; e un'ammirazione serena

---

[1] LUBKE, *Essai d'histoire de l'art.*, trad., pag. 264. Paris, Didot.

e quieta desta l'opera sua simile alla sua vita
senza turbamenti, senza dolori, senza rimorsi.
Però che nella lieta festa dell'arte del cinquecento, il pittore bresciano occupi un posto sen-
sibilmente distinto da quello degli altri maestri
della scuola veneta, più che ogni altra in Italia
tendente al naturalismo, e nella sua età sia ve-
ramente il solo che abbia domandato l'oblio del
mondo a un'arte, che ha tutti i candori dell'in-
fanzia senza averne le inesperienze, il solo che abbia sospirato di quella melanconia, non arida come
di spirito esausto, ma riposata e dolce, saliente
dalla tranquilla visione delle cose. Quale contrasto tra il Moretto e gli artefici veneziani a lui
contemporanei, che, a così dire, pensavano e sen-
tivano col colore, ed esponevano ritratti di cor-
tigiane sugli altari delle chiese! Qualche volta
si direbbe che l'artefice bresciano sia vissuto
alcuni anni più indietro, insieme coi pittori del
quattrocento: coi Bellini e il Carpaccio e Cima
da Conegliano.

In quel giocondo cinquecento, in cui anche
nelle sacre composizioni si dipingevano donne
ignude e procaci, e il puro poema del cristia-
nesimo s'era trasformato in una ridente mito-
logia, e perfino nei templi le belle forme per-

fette si consideravano come le verità più degne
di essere adorate, l'amore della bellezza fu nel
Moretto come temperato da un sentimento ca-
stissimo e in nessun quadro di lui vien dato
trovare un nudo licenzioso. A chiunque studi
questo artista stupendo si pare evidentissima la
sua repugnanza a rappresentare immagini la-
scive. « Da tutte le sue opere » scrive il Ransonnet « traluce un pensiero religioso, casto,
intemerato; direbbesi quasi non avere egli che
per la religione intinto il suo pennello. » Nè con
ciò il pittore vedeva la realtà a traverso una
troppo mistica immaginazione, nè era così as-
sorto nelle altezze della idealità religiosa da tra-
scurare il vero anche più umile; anzi qualche
volta coglieva dal naturale le più materiali mi-
nuzie, come nella *Sacra famiglia* della galleria
Martinengo, dove è tanta semplicità rusticana, e
nel fondo si scorge un pastore gozzuto, tipo da
idiota. Ma quella grottesca figura nulla toglie
alla calma soave della scena, quella calma soave
non turbata neppure dal nano buffone nel quadro
la *Cena in casa del Fariseo,* nè dal gatto a piè
della mensa e dal pollo portato da una donna in
un piatto nella *Cena in Emaus.* Non certo era nel
Moretto la gioconda e irriverente spensieratezza

di Paolo, che accanto al Redentore mette figure
nude e licenziose, apostoli che si stuzzicano i
denti con la forchetta, servitori che gettan sangue dal naso. Nè
come il Veronese, il
Bonvicino avrebbe
risposto i *pittori po-*
tersi pigliare quella
licentia che se pigliano
i poeti e i matti senza
prendere tante cose
in consideration.

L'Assunta
Duomo Vecchio di Brescia

Dopo aver dipin-
to, in gara col Ro-
manino la cappella di
San Giovanni Evan-
gelista, il Moretto
ebbe, nel 1524, dal
Municipio di Brescia
l'incarico di dipin-
gere una grande tela per la cattedrale antica.[1]
Effigiò l'*Assunta,* il soggetto trattato con meravi-

---

(1) Da un Bollettario del Duomo si rileva, sotto la data del 13 luglio 1526, che fin dal 1524 il Municipio di Brescia aveva data commissione al Moretto di questo grande quadro e che nel novembre 1524 gli
fu fatto il saldo *eius mercedis pingendi Anconam S. Mariae de Dom.*

gliosa vigoria di forma e di colorito da Tiziano.
La plastica seduzione e la gloria materiale della
Madonna del Vecelli, gli angeli stupendi che si
agitano giocondi fra le nubi, gli apostoli pieni
di vita e di movimento, abbagliano l'occhio del
riguardante, costretto ad ammirare quel. genio
potente. Invece dinnanzi alla Vergine, assorta in
una certa espressione languida come di sogno,
e a tutta la scena rappresentata dal giovane e
modesto artefice bresciano[1] non tumultuosi sen-
timenti si svegliano in core, ma una emozione
profonda, tranquilla, ben diversa dall'ammirazione, tutta concettini e metafore di questo poeta
bresciano del secento :

> Che miracolo è questo
>   O Preclaro Moretto, e che ravviso?
>   Quell'*Alba* che pingesti a gli Astri ascesa
> Apre di stelle un ciel vaghe e splendenti,
> Accrescendo un bel lume al Paradiso,

---

[1] Il DA PONTE, nel *Catalogo* pubblicato dall'Ateneo in occasione
del centenario, scrive:

« Non è forse inutile di avvertire che la testa di San Pietro, quale
ora si vede, non è di mano del Moretto. Oltre cinquant'anni fa, mentre
si facevano alcuni restauri in quel prebisterio, una mattina si trovò ta-
gliata fuori di netto la testa del San Pietro. Non fu possibile di conoscere nè l'istigatore dell'inqualificabile atto barbarico nè tanto meno di
ricuperare il prezioso frammento. Alessandro Sala, l'erudito autore della
Guida di Brescia, cercò di riparare come poteva meglio, al danno, rifa-
cendo di memoria la testa dell'apostolo. »

Mentre dal Figlio attesa,
Tutti i chori del ciel fissi ed intenti
Godon di sue bellezze
L'ammirande grandezze.
Gli apostoli presenti
Tratti da lo stupore
Godon al par di quei l'alto splendore,
Qui scorga ogn'alma pia e qui discerna
Del Sol ch'è senza occaso un'alba eterna. [1]

Nello stesso anno 1524, il Comune ordinava al Moretto di pitturare a fresco sull'esterno della chiesuola di San Faustino il trasporto dei corpi dei Santi Faustino e Giovita. Il dipinto coll'andar del tempo fu guasto e per ordine del Municipio ricoperto, nel 1603, da una copia in tela di Pietro Maria Bagnadore.

Con la data del 1530 è la tavola della chiesa di San Francesco, dove è effigiata Santa Margherita da Cortona, figura nobilissima, in cui la verginale innocenza s'innesta al matronale decoro. La santa sta entro una ricca nicchia di marmo, sulla cui cornice si reggono in piedi due deliziosi angioletti; ai lati San Francesco d'Assisi e San Girolamo.

La celebre Madonna di Paitone fu compiuta

---

[1] PAGLIA, ms. cit., pag. 13.

nel 1533, e rappresenta l'apparizione della Vergine ad un pastorello di quel villaggio, posto alle falde di un monte brullo e ronchioso a dodici miglia da Brescia. [1] Intorno alla pia leggenda, e al quadro che ne forma il soggetto, così scrive il Ridolfi:

« Raccoglieva un contadinello more silvestri nel seno di quel monte, a cui apparve Maria Santissima in sembiante di grande matrona, cinta di bianca veste, commettendogli che facesse intendere a quei popoli, che al di lei nome edificassero una chiesa in quella sommità, che in tal modo cesserebbe certo infortunio di male, che gli opprimeva. Ubbidì il garzoncello, et ottenne anch'egli la sanità. Edificato il tempio [2]

---

[1] ABBA, *Il Moretto e la sua Madonna a Paitone* (*Natura ed Arte*, Milano, 1 febbraio 1897).

[2] L'apparizione avvenne sul monte Lavignone nel 1532, in agosto, nel tempo in cui maturano i lamponi, che stava raccogliendo il muto garzoncello Viotti, al quale, secondo la leggenda, fu, per prodigio divino, ridonata la favella. La tela fu ordinata al Moretto nel 1533, e nel 1534 si stava ancora lavorando intorno al tempio, come appare da una lettera di quell'anno del vicario del vescovo di Brescia, conservata nell'archivio parrocchiale di Paitone. In un vecchio libretto intitolato: *Apparitionum et Celebriorum Imaginum Deiparae Virginis Mariae Civitate et Dominio Venetiarum Enarrationes Historicae*, Venetiis 1766, a carte 274, è scritto:

« Deducta igitur ad complementum Ecclesia decreverunt Castri Rectores, ut admiranda manifestationis series ad sacrae aedis ornamentum ab Alexandro Moretto celebri illius aevi pictore in tabula exprimeretur,

6

fu ordinata la pittura al Moretto, il quale con ogni applicazione si diede a comporre la figura della Vergine nella guisa che riferiva il Rustico:

La Madonna che appare a un Sordomuto
Santuario di Paitone

ma affaticandosi invano, pensò che qualche suo grave peccato gli impedisse l'effetto, onde riconciliatosi con molta divotione con Dio, prese la Santissima Eucarestia, ed ivi ripigliò il lavoro, e gli venne fatta l'Imagine in tutto somigliante a quella che haveva veduto il contadino, che ritrasse a piedi col cesto delle more al braccio, onde viene frequentata da continue visite di popoli, mediante la quale ottengono dalla Divina mano gratie e favori. »

A questa tradizione, a quella chiesa solitaria sorgente a mezza costa del monte, dove lo spirito della prece e la poesia della leggenda sembrano vagare intorno all'altare, sul quale spicca come una visione una mesta figura di monaca biancovestita, si deve in parte se il quadro di Paitone è il più celebre, senza essere uno dei più belli del Bonvicino. E di vero, fra le opere men conosciute del nostro pittore ve ne sono alcune che ben valgono questa celebratissima tela: ad esempio la pala d'altare di una chiesetta, perduta su nei monti della Valsabbia, ad Auro, e un'altra pala a Pralboino. Rappresenta la prima *Sant'Antonio abate,* dipinto mirabile per la poesia dell'immagine e la robustezza del pennello. Nella seconda con soavità insuperabile d'espressione

---

sistens fervide imploravit, nec incassum spes eius decidit, noctu enim in somniis se se illi conspiciendam exhibens Sancta Dei Mater, eximiam ingentis picturae delineationem eius phantasiae praesentavit, quam deinde evigilans optime ductis coloribus ad vivum expressit, proindeque admirabile opus cum vidisset landatus rusticus, sub ea prorsus specie et habitu fassus est sibi Virginem Sanctissimam apparuisse. Factus est deinde perennis gratiarum fons locus ipse, ad quem ex dissitis etiam regionibus in Deiparae obsequium populi frequentes accedunt. »

è figurata la Vergine coi santi Sebastiano e Rocco.

Una ripetizione della Madonna di Paitone è collocata nella galleria di Dresda, e fu ritenuta del Moretto, prima che Lodovico Gruner, direttore del Museo di Dresda, e Giovanni Morelli dimostrassero che la tela lodata dal Rio, dal Passavant, dall' Hübner, dal Cavalcaselle, ecc. non è se non una copia goffa, superficiale, stentata. [1] Anche l'attuale direttore della galleria Carlo Worman riconobbe che il quadro di Dresda non manifesta in alcun modo la condotta del pennello fine e spirituale del Moretto.

Con la data del 1536, un ritratto a figura intera di un gentiluomo Fenaroli, possiede la galleria nazionale di Londra, e fu venduto nel 1882 dagli eredi Fenaroli di Brescia.

Passano poi tre anni prima di trovare un quadro con la data, fino al *San Nicolò da Bari*, gagliarda pittura, dalla chiesa dei Miracoli trasportata nella galleria Martinengo. Nel basso della tela

---

[1] MORELLI, *Le opere dei maestri ital.*, pag. 170. — Un pittore bresciano del secento, Bernardino Gandino, fece di questo quadro un'altra copia, in cui il pastorello è mutato in un patrizio! La copia del Gandino esiste nella chiesa di Sant'Orsola, ora ospizio dei Fatebenefratelli in Brescia. — FENAROLI, *Dis.*, pag. 43.

v'è la seguente inscrizione: — *Virgini Deiparae et Divo Nicolao — Galeatius Rovellius ac Discipuli D. — MDXXXIX.* [1]

La fama del pittore bresciano giungeva intanto alle province vicine, e Bergamo volle dal Moretto ornata la chiesa di San Francesco con la tavola di San Pietro Martire, ora nella pinacoteca Ambrosiana, e l'altra chiesa di Sant'Andrea con la tela figurante la Madonna e Santi. Ma più che per aver abbellito i suoi templi, Bergamo deve riconoscenza al Moretto di aver educato all'arte quel G. B. Moroni d'Albino, che fu nella prima giovinezza, in alcune sacre composizioni, freddo e impacciato imitatore della dolce inspirazione morettiana, ma col proceder degli anni divenne un meraviglioso dipintor di ritratti, in cui riescì perfino superiore al maestro.

Nella chiesa di San Celso a Milano, il Moretto condusse alcuni affreschi e il quadro della *Conversione di San Paolo,* segnato *Alexander Morettus.*

A Trento, nel tempio di Santa Maria Maggiore, fece, nel 1540, un quadro ove ritrasse alcuni Dot-

---

[1] Galeazzo Rovellio, che commise il quadro al Moretto, era un maestro di grammatica.

tori della Chiesa in atto di disputare ed in alto
la Madonna col bambino, piena di mansuetudine
amorosa nella espressione del volto. [1]

Nello stesso anno fu invitato in Verona a co-
lorire, per la chiesa di San Giorgio Maggiore,
una pala d'altare con santa Cecilia fra le sante
Agata, Agnese e Lucia e in alto la Vergine; [2]
e nell'anno seguente, parimenti a Verona, per la
chiesa di Santa Maria della Ghiara dei Padri Umiliati, uno dei quadri nei quali meglio trionfa l'arte
cristiana del bresciano, che figurò Maria, santa
Elisabetta, san Giovanni Battista e nella base ge-
nuflessi due Padri Umiliati, [3] uno dei quali, il

---

[1] Lo ZANELLA (*La Chiesa di Santa Maria di Trento*, pag. 19.
Trento, Moranni, 1870), così descrive il quadro:

« L'ultimo altare eretto fa ammirare il dipinto di Alessandro Bon-
« vicino, stupendo lavoro commessogli dalla Società dei legali, che a
« prendere mossa ai loro studi dalla Scienza dei Santi scelsero a soggetto
« della loro pietà una disputa di quattro antichi dottori della Chiesa la-
« tina, Ambrosio, Agostino, Gerolamo, Leone: sta in mezzo a loro
« San Giovanni il quale porge ad indirizzo il libro degli Evangeli, al di-
« sopra in una gloria di graziosi angioletti in celeste atteggiamento posa
« la Vergine, Sede della Sapienza col divino infante, dal quale inco-
« mincia e in cui finisce la Scienza e fuori del quale è lordura ogni
« sapere. »

[2] Il quadro porta l'epigrafe: *Alexandrus Morettus Brix.* MDXL.
Il DA PERSICO (*Descr. di Verona*, P. II, pag. 92. Verona, 1820) scrive:
« Alla destra sotto l'organo.... la tavola del Bonvicino fu sostituita a
quella di San Barnaba, originale di Paolo, non ritornataci da Parigi. »

[3] Il quadro si ammira oggi nel Museo di Berlino. Nel 1663 ne fu
proposto l'acquisto a Francesco I duca di Modena, ma il Generale del

committente del quadro, era Bartolomeo Averoldo vescovo di Talamone e l'altro Aurelio Averoldo suo nipote. I due quadri sono segnati col nome – *Alexander Morettus* – e con la data – MDXLI.

Ancora nel 1541 compiva, per l'altare del Sacramento in San Nazaro di Brescia, una pala che non è delle migliori sue opere e rappresenta Gesù attorniato da angeli e più basso ai lati Mosè e Davide. Fu eseguita per commissione di Lodovico Offlaga, come rilevasi da un istrumento del 4 maggio 1541, negli atti parrocchiali. [1]

In questo mezzo a Lonigo, nel Vicentino, dipingeva nella chiesa del convento di San Fermo le *Nozze di Cana,* ora deturpate dai ritocchi così da dover indovinare l'originale sotto la coperta del ristauro, [2] e a Monselice sul Padovano, nel 1544,

---

convento ne disapprovò la vendita. Un disegno del Moretto rappresentante la *Fuga in Egitto* era notato in un inventario del 1688 della galleria Estense. VENTURI, *La R. Galleria Estense in Modena*, pagg. 246-303. Modena, 1882.

[1] ODORICI, *Guida*, pag. 81.

[2] Il MACCÀ (*Storia del territ. vicentino*, T. I, p. 130) dopo aver descritto il quadro colle parole del Ridolfi aggiunge che la tela *trovasi in cattivo stato*. E il POMELLO (*Storia di Lonigo con cenni storici sui comuni del distretto*. Lonigo, 1886), a pagg. 103-4, parlando della chiesa dei SS. Fermo e Rustico, ricorda le *Nozze di Cana in Galilea* del Bonvicino, cita anch'egli il giudizio del Ridolfi e soggiunge: « In questo

il *Nazareno in casa del Fariseo,* che fu poi trasportato nella chiesa della Pietà a Venezia.[1] In

Le Nozze di Cana
Chiesa di San Fermo, Lonigo

questo quadro, compiuto a quarantasei anni, l'artefice ritrovò tutta l'alta inspirazione della gio-

dipinto si ammirano accoppiati i vigorosi effetti di chiaroscuro e lo
stile elevato, grandioso, nè si potrebbe riunire in un solo quadro più
accurato disegno e più vigoroso impasto di tinte; davvero è per tutti
oggetto di ammirazione Maria, sublime tipo di bellezza, di grazia, di
leggiadria e di candore, che prova l'eccellenza singolare dell'esimio
autore. » Ahimè! *il vigoroso impasto di tinte* dell'esimio autore è in
gran parte belletto meretricio di sciocco ristauratore.

(1) Da Monselice il quadro fu trasportato a Venezia circa il 1740.
Lo ZANETTI (*Della pitt. veneziana*, pag. 246. Venezia, 1771) ne parla
così: « Un suo bel quadro (del Bonvicino) ch'era altre volte in Monselice, e che ora è nell'anticoro dello Spedale della Pietà è un chiaro

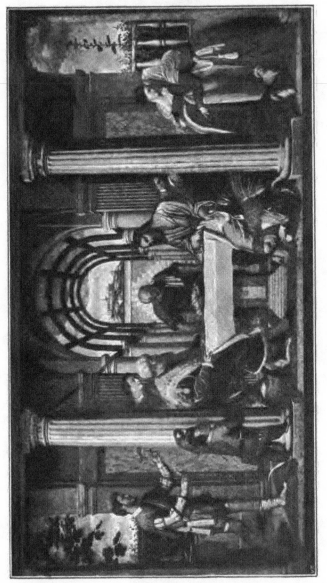

Banchetto in casa del Fariseo

Chiesa della Pietà a Venezia

vinezza. [1] La scena è nel cortile d'un palazzo, accanto a porticali sostenuti da colonne. Nel fondo, a traverso un'arcata ride Brescia, col suo castello, illuminata da una luce blanda e serena; esulta la primavera nella collina verdeggiante.

V'è in questo quadro come il presentimento di Paolo, in modo da non sembrare erroneo il giudizio di un critico che vede nel Moretto il precursore del Veronese e congiunte nel *Banchetto del Fariseo* l'armonia, la forza e il brio delle due arti veneziana e bresciana. [2] Se non che nei banchetti di Paolo le figure s'agitano con insoliti movimenti, si atteggiano in modo qualche volta smoderato e scomposto, laddove qui il volto del Salvatore, raggiante di bontà, e l'intenso amore angoscioso della Maddalena prostesa ai piedi di Gesù si diffondono per tutta la scena. La Maddalena del Moretto, nella sua splendida veste, tutta chiusa fino al collo, non è la convenzionale cortigiana

---

testimonio del suo valore. Opera di carattere grande, di bel gusto e rilievo. » Nell'archivio dell'Ospedale della Pietà il più antico documento è la relazione peritale dell' 8 giugno 1780 del professore di pittura e di ristauro Pietro Edwards. Nel 1820, il governo austriaco ne affidava il ristauro per lire austr. 900 al prof. Baldassini.

[1] Henry Tode scrive in una lettera ad un amico: « Riccardo Wagner aveva una predilezione particolare per cotesto quadro del Moretto. »

[2] KUGLER, *Handbook of painting (the Italian Schools)* edited by sir Ch. Eastlake, London, 1891.

procacemente discinta. A questa figura piena di
passione e di verecondia fa contrasto la volgarità
di un guattero dalle maniche rimboccate, che appoggia le braccia sulla tavola, su cui ha deposta
una grossa anitra lessa. Ai due lati del quadro
sta da una parte un giovane e bel gentiluomo
con una coppa in mano, dall'altra un'ancella, gra-
ziosissima figura, che regge sul braccio la pelliccia della Maddalena. Il pittore, pur vedendo
l'antica scena a traverso i tempi suoi, seppe spi-
rarvi il sentimento divino dell'Evangelo.

Per la chiesa di Santa Maria Calchera in Brescia,
il Bonvicino trattò lo stesso soggetto, ristretto entro ai limiti di una pala d'altare, *che,* a detta di
uno scrittore bresciano del secolo decorso, *tra
le molte manofatture d'Alessandro Bonvicini porta
seco incomparabile il preggio e l'estimazione.* E lo
scrittore aggiunge che in questo quadro « diede
a conoscere il Bonvicini il perfettissimo maneggio
dei pennelli, esprimendo su 'l carattere di Tiziano
e di Raffaello il Divin Redentore assiso a mensa
col Fariseo e prostesa ai piedi del Santissimo Maestro la penitente Maddalena. »[1] Curiosi questi en-

---

[1] MACCARINELLI, *Le glorie di Brescia,* pag. 134. MDCCLI (Mss. della
Queriniana, G. IV. 8).

Cristo e la Maddalena
Chiesa di Santa Maria in Calchera, Brescia

tusiastici lodatori, che vedono nel Moretto e perfino in uno stesso quadro un imitatore di Tiziano
e di Raffaello insieme!

L'ultimo quadro con la data, che dalla Disciplina di San Giovanni in Brescia passò nella raccolta Frizzoni de Salis in Bergamo e poi nella
galleria Weber di Amburgo, rappresenta la *Deposizione della Croce* e porta scritto da un lato:
Año Dom. MDLIV mense octobris, dall'altro queste parole, che suonano come un presentimento
melanconico: *factus obediens usque ad mortem.*
Alla fine del 1554, il Moretto non era più.

L'illanguidimento dello stile, che accompagnò
nel maestro il decadere della vita, rilevasi chiaramente in questo, che deve essere stato il suo
ultimo quadro. Un critico tedesco bene osserva:

Dobbiamo nominare un altro lavoro del fiore del-
l'arte italiana, una Deposizione del grande pittore bresciano detto il Moretto, gran quadro con figure di
grandezza naturale. Pur troppo alla grandezza non cor-
risponde del tutto la qualità, e sebbene non si possa
negare che nella composizione ci sia una certa gran-
diosità, tuttavia per il colorito il dipinto è inferiore alla
maggior parte delle opere di questo maestro; la luce
ha il tono della creta ed è dura; lo scuro e il chiaro
stanno immediatamente accanto l'uno all'altro. Ciò si
spiega quando si considera il tempo in cui il quadro
fu dipinto: la sua segnatura è: AÑO . DŌM. MDLIV.

MENS. OCT. ed è questo l'ultimo anno di vita di questo artista. Il quadro proviene dalla Galleria Frizzoni Salis in Bergamo. [1]

Seguendo le date dei dipinti si può avere una nozione abbastanza esatta della vita artistica del Bonvicino, trascorsa quasi tutta nella sua Brescia. E come in vita, così nella gloria che illumina la sua tomba il nome dell'artefice è congiunto al nome del paese natìo, dove solo può essere compiutamente conosciuta e pregiata

Il Redentore e un Angelo
Galleria Martinengo in Brescia

l'opera del Moretto. Dell'artefice speditissimo, quantunque finito e diligente, si conservano

---

[1] HARCK, *Quadri di maestri italiani nelle private gallerie di Germania* (*Arch. Storico dell'Arte.* Roma, 1891, pag. 89).

ancora a Brescia, oltre ad alcuni affreschi nei due palazzi Martinengo e Salvadego, circa cinquanta- cinque grandi dipinti nelle pinacoteche comu- nali, Martinengo e Tosio, nel palazzo vescovile, nel seminario, nel duomo vecchio e nelle chiese

L'ultima Cena
Chiesa di San Giovanni Evangelista in Brescia

di San Clemente, di Santa Maria Calchera, di Santo Cristo, dei Santi Nazaro e Celso, di San Francesco, di San Giovanni Evangelista e di Santa Maria delle Grazie. Nella provincia di Bre- scia vi sono altri dodici quadri del Moretto nelle chiese di Paitone *(La Vergine)*, di Auro presso Comero *(Sant'Antonio abate)*, di Sarezzo *(La*

7

Vergine col Bambino e santi e un bozzetto coi
santi Faustino e Giovita), di Calvisano *(La Vergine coi santi Bartolomeo e Gaudenzio),* di Caste-
nedolo *(Il Redentore e due santi),* di Manerbio
(La Madonna in gloria), di Marmentino *(Il Redentore e i santi Cosmo e Damiano),* di Coniolo
presso Orzinuovi *(La Vergine, san Michele e san
Pietro),* di Pralboino *(La Vergine, con san Rocco
e san Sebastiano* e una *Madonna in gloria),* di Rodengo *(Il Redentore coi santi Pietro e Paolo),* di
Carpenedolo *(Gesù con due santi).*

Fuori della terra bresciana non molte opere
del sommo pittore esistono in Italia. A Venezia:
nella pinacoteca dell'Accademia, provenienti dalla
galleria Manfrin, due piccole e stupende tavole,
rappresentanti *San Pietro* e *San Giovanni Battista;* [1] nella collezione Layard altre due opere:
*La Madonna in atto di adorare il Bambino addor-
mentato* e un ritratto; nella chiesa della Pietà:
La Maddalena in casa del Fariseo. A Milano, in
casa del marchese Fassati, un ritratto; nella

---

[1] Nelle *Pitture e sculture di Brescia* edite dal Chizzola (1760,
pag. 75), alla chiesa di Sant'Agata è scritto: « Opere del Moretto sono
« due quadri appesi dirimpetto all'altare, cioè un San Gio. Batista e un
« altro Profeta. » Queste tavole a Sant'Agata più non esistono e un
acuto critico d'arte, il dottor Gustavo Ludwig, crede siano quelle, che
dalla galleria Manfrin passarono all'Accademia di Venezia.

raccolta Crespi una *Visitazione* della prima maniera del pittore; nella galleria Poldi-Pezzoli *La
Madonna in trono;* nella col-
lezione Frizzoni una *Madonna col bambino,* e nell'Accademia di Brera cinque opere:
Madonna in gloria, [1] *Santa
Chiara e Santa Caterina, San
Girolamo e un apostolo,* l'*Assunta* e *San Francesco.* A Bergamo: *La Madonna col bambino e santi* nella chiesa di
Sant'Andrea; *Cristo e la Sa-
maritana* nella galleria Morelli; *Cristo che porta la croce*
nella galleria Lochis. A Genova il *Ritratto detto del Medico* in palazzo Brignole e
una *Madonna col Bambino e*
san Giovanni al palazzo Bian-

La Vergine
Galleria Brera in Milano

co. A Roma una *Madonna coi santi Faustino e
Bartolomeo* nelle gallerie vaticane. A Napoli nel

---

[1] Tutti i Cataloghi notano nella Raccolta Albertina di Vienna un
disegno del Moretto per la Vergine di Paitone, che non esiste. Il Ludwig
ha provato come questo disegno si trovi nell'Accademia di Venezia e
non sia già uno studio per la Madonna di Paitone, ma bensì per la

Museo il bellissimo *Cristo alla Colonna*. A Verona nella chiesa di San Giorgio, *Santa Cecilia e altre sante*. A Lonigo, nella chiesa di San Fermo, *Le nozze di Cana*. A Trento la pala della Madonna nella chiesa di Santa Maria Maggiore.

Oltre i confini d'Italia, [1] a Vienna nel Museo imperiale la *Santa Giustina* una delle più insigni opere dell'arte italiana, e pure a Vienna tre piccole tavole nella galleria Liechtenstein: *La Madonna col Bambino e sant'Antonio, San Girolamo nell'eremo* e *Maria col fanciullo e san Giovanni*. [2] Nel Museo di Berlino: *La Gloria di Maria e di*

Madonna in gloria di Brera (n.° del cat. 239). Questa Madonna, secondo il Ludwig, era la tavola centrale di un'ancóna, che ornava la chiesa di Santa Maria degli Angeli, fondata da San Bernardino a Gardone in Val Trompia. Le altre tavole staccate dall'ancóna sono ora a Brera e al Louvre e rappresentano: *San Francesco d'Assisi* (Brera 235), *San Girolamo e un Apostolo* (Brera, 251), *San Bernardino e san Lodovico* (Louvre, 78), *San Bonaventura e sant'Antonio di Padova* (Louvre, 79). Queste due ultime tavole erano a Brera e furono mandate al Louvre nel 1812. Cfr. MONGERI, *L'arte a Milano*, pag. 350. Milano, 1872.

[1] Senza dire col Burckhardt (*Cicerone*) che un *gran numero* di opere del Moretto si trova nelle gallerie fuori d'Italia, bisogna però confessare che in questo secolo parecchi dipinti del Bonvicino migrarono oltre le Alpi. Dalle case bresciane dei Fenaroli, degli Averoldi, dei Brognoli, dei Lechi, ecc., molti quadri andarono ad arricchire pubbliche e private raccolte straniere.

[2] Quest'ultima è la tavola che proviene dalla galleria Scarpa di Motta di Livenza.

Santa Giustina
Museo Imperiale di Vienna

santa Elisabetta,[1] e nella privata raccolta del signor Wesendonck, una *Madonna col Bambino.* Nella galleria di Cassel: *L'Adorazione;* nella raccolta Weber ad Amburgo *La Deposizione;* a Francoforte sul Meno nel Museo Staedel: *La Madonna col Bambino e i santi Sebastiano e Antonio da Padova,* e il quadro attribuito fino a pochi anni fa al Pordenone: *La Vergine in gloria e quattro dottori della Chiesa.* [2] A Parigi, al Louvre, due tele, una rappresentante *San Bonaventura e sant'Antonio di Padova,* l'altra *San Bernardino da Siena e san Lodovico.* A Pietroburgo nella raccolta Hermitage,[3] *La Fede,* e nella galleria Leuchtemberg, *Madonna col Bambino.* A Londra, nel Museo nazionale, una *Vergine in gloria, San Bernardino e due ritratti,* e nella quadreria Palgraw, una *Madonna con sant'Ippolito e santa Caterina.*[4] Pure

---

[1] In molti cataloghi sono menzionati nel Museo di Berlino tre altri quadri : *Santa Giustina,* l'*Adorazione dei pastori* e un *Ritratto.* Furono riconosciute come copie e passarono nei musei provinciali.

[2] Apparteneva alla Raccolta del cardinale Fesch, e fu pagato 60,000 franchi.

[3] Nella Raccolta Hermitage fu creduta per molti anni del Moretto una *Giuditta con la testa di Oloferne,* opera attribuita poi al Giorgione e finalmente, dal Gronau, al Catena.

[4] Il GRONAU (*L'art vénitien à Londres, à propos de l'exposition de la New-Gallery III. Gazette des Beaux-Arts.* Paris, Mai 1895, pag. 438), cita del Moretto una *Natività della Vergine,* di proprietà del signor Holford, quadro molto annerito, e quattro tavole di una pala d'altare, figu-

in Inghilterra a Durham, presso l'Arcidiacono, *San Bartolomeo e altri santi*. A Garscube in Scozia, *Madonna con angeli e santi* e finalmente a Richmond, nella galleria di sir Francis Cook, *La salma di Cristo condotta al sepolcro,* col nome di Cesare Magni, è dal Frizzoni rivendicata al Bonvicino. Due tavole del Moretto, rappresentanti la *Sibilla Eritrea* e il *Profeta Isaia* sono nell'Escuriale di Madrid. Conservati sotto la denominazione di *Scuola fiorentina* fra i tesori pittorici dell'Escuriale, i due dipinti furono, nel 1893, esposti alla mostra storico-europea a Madrid, ed in questa occasione visti ed identificati come opere del Moretto, dal prof. Justi. [1]

Pochi artisti, al pari del Moretto, furono così mal conosciuti nella vita e nelle opere. Sebbene la critica moderna e la pazienza dei rovistatori d'archivi abbiano cercato di emendare falsi giudizi e di rettificare fatti erronei, tuttavia molti errori, si ripetono ancora. E se può fornire onesta

---

ranti due angeli e san Giuseppe e san Girolamo, di proprietà delle signore Cohen. Queste quattro tavole, secondo il Gronau, sono bellissime, e specialmente il San Girolamo, « dans son vêtement rouge, qui se dé-« tache sur le bleu du ciel et sur la verdure du paysage, montre le « charme du coloris si remarquable chez Moretto. »

[1] Justi, *Studien aus der historisch-europäischen Austellung su Madrid (Zeitschrift für christliche Kunst.* Düsseldorf, 1893).

cagione di riso chi narrando la vita dell'artefice bresciano si affida tuttora all'autorità del padre Cozzando, sono del pari stravaganti e puerili le asserzioni e i giudizi sulle opere del Bonvicino di certi critici e di certi eruditi di seconda mano.

Così, per esempio, il quadro, *L'Apparizione di Cristo nel cenacolo,* citato da molti cataloghi nella chiesa di San Felice di Scovolo e veduto con gli occhi della immaginazione da alcuni storici dell'arte, in quel paese non si trova, nè v'è ricordo sia mai colà esistito. E a Vicenza si ammirava, nella chiesa di San Rocco, una tavola d'altare, compiuta da Alessandro Bonvicino nel 1575, vent'anni dopo la sua morte. [1]

E la *Santa Giustina,* del Museo imperiale di Vienna fu nel primo catalogo viennese attribuita a Raffaello, in processo di tempo a Tiziano, poi

---

[1] Il BOSCHINI (*I gioielli pittoreschi, virtuoso ornamento della città di Vicenza*, pag. 115. Venetia Nicolidi, 1676), scrive:

« Chiesa di San Rocco. – Il secondo altare contiene S. Caterina dalla « Ruota, che il carnefice la decapita; alla presenza del Tiranno; con « molti astanti, e Soldati, et in aria due Angeletti, che portano la Co- « rona e la Palma del Martirio; con bellissime et artificiose architet- « ture; opera di Alessandro Moretto, Brissiano. Anno salutis 1575. » L'ARNALDI (*Descr. dell'arch. pitt. e scult. di Vicenza.* Vicenza, 1779) ripete la stessa descrizione aggiungendo: « è fattura di Alessandro Moretto Bresciano dell'anno 1575. »

a Pordenone, finchè il barone di Ransonnet la restituì al suo vero autore.

Anche intorno a parecchi quadri che vanno col nome del Moretto, si potrebbero sollevar molti dubbi. Alla sua scuola si formarono valorosi artefici, ai quali il Bonvicino dava l'idea, il disegno e qualche tocco del suo pennello. Se il Moroni abbandonò la mistica inspirazione del maestro per farsi assiduo scrutatore del vero, altri invece come Luca Mombello di Orzinuovi, Agostino Galeazzi da Brescia, Francesco Richini di Bione in Valsabbia, furono scolari e fedeli imitatori del Moretto, altri ancora ne furono soltanto imitatori come Girolamo Rossi (n. 1547) e Pietro Marone (n. 1548). Così passano col nome del Moretto e sono certamente di qualche allievo, forse del Galeazzi, i quadri della cappella del Sacramento nel duomo vecchio di Brescia, rappresentanti *La mistica offerta di Melchisedecco* e l'*Agnello pasquale*. E probabilmente compiuta dal Galeazzi e dal Mombello, sotto la direzione del maestro, è l'*Assunta,* dalla chiesa del convento di Maguzzano, trasportata nella galleria Martinengo. Nè ormai nessuno più crede sia opera del Moretto il *Presepio* in San Nazaro, tenebroso quadro, forse dovuto al pennello del Civetta.

Come la Madonna di Paitone nella galleria di Dresda fù dimostrata una misera copia del secolo decorso, così nulla esiste del Moretto nella galleria degli Uffizi a Firenze, giacchè la lasciva *Morte di Adone,* stoltamente attribuita al casto pittore bresciano appartiene forse a Sebastiano Luciani [1] e un ritratto d'ignoto deve piuttosto appartenere al cremonese Giulio Campi, e il *Cristo al Limbo* ricorda più il fare del veronese Felice Brusasorci.

Deve invece ridarsi al Moretto la *Madonna coll'infante e san Giovannino,* attribuita a Paris Bordone, ch'era nella pinacoteca Scarpa a Motta di Livenza e passò non ha guari nella galleria Liechtenstein a Vienna.

Nelle stesse opere originali del Bonvicino si nota una grande disuguaglianza, perchè se in tutte dalle espressioni dei volti traluce l'animo soave dell'artefice, parecchie deboli e floscie non rivelano intero quel fortissimo ingegno, che sa qualche volta toccare le alte cime della perfe-

---

[1] Il ROSINI (*Storia della pittura italiana*, v, V, pag. 242. Pisa, 1851) dà un intaglio in rame di questo quadro, per mostrare quanto il Moretto fosse valente nel nudo! Il dipinto che rappresenta Venere piangente seguita dalle Ninfe, termina colla veduta della laguna e con alcune fra le principali fabbriche di Venezia.

zione. Le opere compiute nel maggior vigore della vita sono riguardevoli per finitézza larga e sicura. Varcata la quarantina, declinano le doti pittoriche del Moretto, scema la freschezza dell'inspirazione, e quel suo stesso mirabile colorito va modificandosi via via in una intonazione plumbea, in un accordo cupo e pesante. [1]

Fra le opere che mettono il Moretto tra i sommi maestri dell'arte italiana, ricorderò, prima d'ogni altra, la stupenda *Santa Giustina col liocorno e un adoratore,* una delle più delicate cose che la pittura abbia mai significato. Nulla di più nobile di quella figura di santa, volgentesi con grazia dignitosa al gentiluomo genuflesso. Sono altresì fra le cose più rare e più eccellenti del grande pittore *La gloria di Maria,* che dalla soppressa chiesa della Ghiara a Verona andò ad arricchire il museo di Berlino, la *Madonna col Bambino e i quattro Padri della Chiesa,* vanto della galleria Staedel a Francoforte, il *Cristo legato alla colonna* del Museo di Napoli e il *Banchetto del Fariseo* alla Pietà di Venezia. Altre quattro pitture, che sembrano confidenze di un'anima purissima, sono prezioso ornamento dell'umile chiesetta

---

[1] FRIZZONI, *Alessandro Bonvicino,* ecc.

La Vergine in gloria e parecchi santi
Chiesa di San Clemente di Brescia

di San Clemente, dove il pittore avrà tante volte
pregato. Rappresentano: la *Vergine attorniata da
angeli e da santi,*
cara e semplice
manifestazione di
castissimi affetti,
le *Sante Lucia, Ce-
cilia, Barbara e
Agnese, Sant'Or-
sola e le sue com-
pagne,* la *Madon-
na con santa Cate-
rina da Siena e i
santi Girolamo e
Paolo.* Ciò che
sopra tutto riem-
pie l'animo di
meraviglia è, ri-
peto, la solenne
calma della fede

Sant'Orsola e le Vergini
Chiesa di San Clemente in Brescia

espressa, in quel secolo scetticamente giocondo,
con tanta sincerità nel venustissimo quadro di
Sant'Eufemia, ora nella galleria Martinengo, e
in talune teste di Vergine, come in quelle della
Incoronazione nella chiesa dei Santi Nazaro e
Celso, della pala dell'altar maggiore in San Gio-

vanni Evangelista, e di altre opere sacre nelle chiese di Calvisano, di Orzinuovi, di Pralboino, ecc.

La Vergine in Gloria
con S. Eufemia e S. Giustina e due altri santi
Galleria Martinengo in Brescia

Dinanzi a tali dipinti, apparisce stranamente enfatico nello stile, ma giusto nel concetto il giudizio dell'Averoldi, [1] che diceva il Moretto *pari ai lumi più insigni della veneta scola, ai soli più splendidi dei romani cinabri.*

Anche certi ritratti sono pieni d'intensa vita e di un sentimento profondo. Tale il ritratto suggestivo – la parola è di moda – della galleria nazionale di Londra. Il conte Sciarra Martinengo Cesaresco meditante la vendetta della

---

[1] AVEROLDI, *Le scelte pitture di Brescia*, pag. 219.

morte del padre, vedono alcuni in quel giovane, che appoggia sulla destra la bella testa pensosa, la cui fronte mesta ma serena non mi sembra riveli alcun truce proposito.

Un altro mirabile ritratto del Moretto è ora proprietà d'uno degli eredi Fenaroli, il marchese Fassati di Milano.

Nella raccolta Layard a Venezia, è del Bon-vicino un'austera immagine d'uomo seduto con lunga barba bianca e le mani congiunte in atto di preghiera. La testa rivolta verso l'osservatore è d'una nobiltà e d'una calma incomparabile. Ha la veste rossa, e dalla schiena gli scende un rob-bone foderato di pelliccia, che si avvolge intorno al fianco destro e va ad appoggiarsi sulla coscia. [1]

Pure a Venezia, in casa del conte Donà, erede dei Martinengo da Barco, c'è un ritratto di un conte Gavardo a cavallo, ritenuto da Giovanni Morelli di un imitatore del Moretto. E in vero il cavallo mal disegnato e altre non lievi scor-rezioni di forma consiglierebbero a credere che

---

[1] L'andamento orizzontale della coscia dà idea di persona vestita, ma la mancanza di seggiola, il fondo di cielo, le mani congiunte sono, secondo il mio amico prof. Cantalamessa, indizio che il ritratto deve es-sere un frammento di quadro più vasto, o, per dir meglio, deve rappre-sentare un devoto genuflesso sul ginocchio sinistro, innanzi ad un'imma-gine, che ora noi più non vediamo.

8

questa tela non sia dell'insigne maestro. Ma la
intensità del sentimento espressa nel volto del
cavaliero, l'intonazione finemente argentina e
quella inimitabile diafanità delle ombre, che il
Moretto sapeva ottenere valendosi della trasparenza delle imprimiture, rivelano la maniera del
pittore bresciano. [1]

Anche il così detto ritratto di medico della
galleria Brignole-Sale a Genova, ritenuto del
Bonvicino, è, secondo il giudizio di Giovanni Morelli, opera di un imitatore. Di contrario avviso
si dimostra un critico straniero con le seguenti
considerazioni:

Mi riesce incomprensibile come la splendida figura
di scienzato (denominato ora medico ora botanico) possa
venir posta in dubbio quale opera autentica del grande
Alessandro Bonvicino. Non solo la maniera rivela il
grande maestro bresciano, ma bensì anche la nobiltà
della concezione e la disposizione di gusto squisito, anzi
poetica nella sua grande semplicità. Un uomo quasi

---

[1] Nel *Catalogo delle RR. Gallerie di Venezia* (ed. del 1887), si
legge: « La famiglia patrizia Martinengo da Barco conserva nel proprio
palazzo una tela bellissima di questo artista (*Moretto*); rappresenta uno
dei Martinengo(?) a cavallo vestito da uomo d'arme. Bellissima la figura
del cavaliero, *più bello ancora* il cavallo. » Tante teste tanti giudizi! Ma
questa volta, senza modestia, credo proprio che il giudizio giusto sia
il mio. Si aggiunga che il cavaliere rappresentato non è un Martinengo,
ma un Gavardo. Il quadro pervenne ai Martinengo per eredità.

Il ritratto del Medico
Galleria Brignole-Sale in Genova

giovane tuttavia dalla folta capigliatura e barba di un
nero di corvo, dai profondi occhi bruni, ombreggiati
da sopracciglia nere, ci sta dinanzi in una posa par-
lante, con un libro davanti a sè e la mano destra, dal-
l'indice teso, levata in atto pieno di significazione. Sulla
tavola ricoperta in verde, giacciono alcuni fiori recisi.
Sulle pareti marmoree da tinte verdognole si avvitic-
chiano alcune piante rampicanti con fiori di un rosso
pallido. Sono probabilmente queste piante che diedero
allo scienziato l'apparenza di un medico o di un botanico. Egli porta una sottoveste di color rosso-bruno
cupo, e, al di sopra, un largo mantello di seta. Solo
attraverso alla fessura del petto si scorge una striscia
di camicia bianca e dalle maniche fanno capolino i
polsini. La sinistra, inguantata, tiene pure il guanto
della mano destra. La bruna figura dello scienziato
piena di fuoco, e l'eloquenza delle linee del volto ba-
stano per sè stesse a produrre un'impressione potente.
Non si tratta qui di un imitatore, ma di un maestro
di primo ordine, poichè, come già dissi, non solo la
tecnica del dipinto, ma eziandio il delicato tono argenteo
e la nuova disposizione rivelano risolutamente il Moretto. Non nego che in conseguenza della pulitura,
questo quadro abbia alquanto perduto nella sua plastica
e nello splendore delle tinte. Il *Cicerone,* il quale attri-
buisce con ragione il dipinto al pittore bresciano, in-
dica erroneamente il 1553 come data del quadro. La
stessa è segnata nel modo seguente:

MD

XXX

III

e ci mostra come lo stesso sia stato dipinto dal maestro nel suo periodo medio che è il migliore. [1]

Accanto alla data si vedono le due iniziali A. B. e un motto greco che taluni leggono così:

νων ψυχοας

che si potrebbe tradurre *alle anime,* quasi per dire come nello studio della natura, significato nei fiori, lo scienziato raffigurato nella tela trovi la occupazione più gradita allo spirito.

Il Bode, il Frizzoni e il Quinzio, direttore della galleria Brignole, d'accordo col Morelli, non reputano del Bonvicino questo ritratto, che pel colorito verde cupo della carnagione e la larghezza d'espressione può far ricordare il pennello di Sebastiano del Piombo. Ma secondo l'opinione di altri uomini molto intendenti, il celebre ritratto di Genova è da ritenersi, nonostante gli autorevoli avversi giudizi, opera del Moretto.

A più varie discussioni darebbe argomento un'altra opera del Bonvicino, collocata nella galleria comunale Tosio di Brescia e rappresentante Erodiade.

---

[1] EMIL JACOBSEN, *La Galleria Brignole-Sale Deferrari in Genova* (*Archivio Storico dell'Arte*, Roma, 1896, pag. 94).

Questo mirabile dipinto, sul quale una inscrizione allude ad Erodiade, « *quae sacrum Joanis caput obtinuit,* » apparteneva ad un convento di monache e fu acquistato dal conte Tosio verso il 1829.

Ma nè il luogo d'onde proviene, nè le parole allusive a un fatto di storia sacra possono far tacere la tradizione, che vede nella formosissima donna il ritratto di Tullia d'Aragona. Ha dunque la mano, che ritrasse tanti casti volti di vergini, dipinta la celebre etèra romana, vestita di velluto cilestro e coi capelli adorni di grosse e candide perle e di nastri azzurri? [1] Ma non avea forse il pio artefice fissate sulla tela anche le sembianze dell'Aretino? Però tra lo spregevole avventuriero e la etèra romana ci corre. La bel-

---

[1] Fu detto che anche la Santa Giustina di Vienna era il ritratto della bella ferrarese Laura Dianti, celebre per l'amore del duca Alfonso, che avrebbe spinto la profanazione fino a volere esser dipinto in ginocchio dinanzi a colei, ch'egli trasse da vile condizione per farne lo scandalo del suo regno. Basta guardare le medaglie e i ritratti di Alfonso I per convincersi della falsità di questa ipotesi. « Il y aurait eu aussi « trop d'impudence » continua il Rio « à pervertir ainsi le sens d'une « des plus belles légendes que l'histoire des premiers chrétiens nous ait « transmises. Si ce ravissant tableau est un souvenir d'amour, ce ne peut « être que le souvenir d'un amour vaincu, vaincu par la pureté dont « l'unicorne est l'emblème, vaincu par le signe de la croix, dont l'heroïne « s'arme contre son tentateur bientôt converti lui-même, et converti « jusqu'au martyre. » RIO, *De l'Art chrétien*, pag. 299. Paris, 1861.

lissima Tullia, che intorno al velo giallo della
cortigiana intrecciò il lauro della poetessa, seppe

Erodiade
Galleria Tosio in Brescia

mostrarsi estima-
trice riverente del-
la virtù, e la viltà
della sua condizio-
ne non le impedì
d' essere onorata
ed amata dagli in-
gegni più eletti del
suo tempo. [1] Non
è dunque meravi-
glia, se il Bonvi-
cino ritrasse fra
due rami d' alloro
e con in mano una
bacchetta d' oro a
modo di scettro,
Tullia d'Aragona, che ancora in fresca e giovanile età rinnegò le passate sue colpe.

Altri ritratti, come quello che si era fatto da
sè allo specchio, e ancora nel 1648 fu dal Ridolfi
veduto in casa Gallo a Brescia, e quelli di Agostino Gallo, dell'Aretino, del vescovo Ugoni di

---

[1] BIAGI, *Una Etèra romana*, Firenze, Paggi, 1897.

Famagosta, di Brunoro Gàmbara, del medico
Bartolomeo Armiggio, ecc., non si sa dove sieno,
ed è da sperare col Frizzoni non sieno tutti di-
strutti, ma piuttosto dispersi e conservati sotto
nomi ignoti nelle pubbliche e private raccolte
di Europa.

Chi al principio di questo secolo, quando il
nostro retaggio artistico fu miseramente stremato
per l'avarizia o pe 'l bisogno, considerava con
ammirazione l'opera dell'artefice bresciano? E
quanti quadri di lui non furono e non sono ancora battezzati con altro nome! E quanti smar-
riti! [1] La fama del Moretto, sempre viva nella

---

[1] Fra gli altri, il CAMPORI (*Raccolta di Cataloghi e Inventari*,
pag. 52, Modena, 1870), fa menzione di due quadri. Nella Raccolta Mu-
selli di Verona venduta e dispersa in Francia e in Inghilterra esisteva:
« La Fede che con una mano sostiene un calice, con l'altra una croce,
ritratto di bellissima giovane riccamente vestita del Moretto di Brescia. »
È il quadro della galleria Hermitage a Pietroburgo.
Nella Galleria di Cristina regina di Svezia, anche questa venduta
fuori d'Italia :
« Un quadro di una Madonna in campo d'aria con splendore, con
due Angeli che le tengono in testa una corona, col Santo bambino in
seno che succhia il latte ed intorno S. Giuseppe, S. Barbara, S. Caterina e S. Gio Batta del Moretto. » Nella *Succinta descr. d'una Racc.
di quadri orig. esistenti in Verona presso il signor Giovanni Albarelli*
(Verona, 1816, pag. 26) è notato: « Del Moretto da Brescia, il ritratto
« di un cavaliere spagnuolo dipinto in tela. Quadro ch'era a Venezia
« nella galleria Farsetti. » Non si sa dove sia andato a finire. E del
pari smarrita andò una tavola, collocata nel chiostro del Senatore, in

sua città natia, varcò le mura di Brescia solo in questi ultimi anni, così che un busto in marmo del pittore fu, nel 1854, accolto a stento nella Protomoteca del Campidoglio in Roma, fra le effigie dei più celebri cultori delle arti belle. [1]

Meglio che in Italia si andava comprendendo dagli stranieri l'eccellenza del pittore. Già il Rio [2] considerava il Moretto « un des plus grands peintres dont l'Italie puisse se glorifier. » E aggiungeva: « il parvient à faire de sa chère ville de Brescia une sorte de musée, dont ses ouvrages sont encore aujourd'hui les plus précieux et les plus nombreux trésors. »

E il Blanc: [3] « il n'y aucune proportion entre la faible renommée du Moretto et la supériorité de son talent. » Ancora: « il est temps de rendre hautement à Moretto la justice qui lui est due. »

L'autore di un manuale di storia della pittura,

Pavia. Fr. Bartoli (*Not. delle pitt. scult. ed architet. che ornano le chiese*, ecc. vol. II, pag. 52. Venezia, 1777) così ne parla : « A Senatore, « nella chiesa delle monache benedettine, nell'altar maggiore, la tavola « rappresentante la Natività di M. V. è opera di Alessandro Buonvicini « Bresciano detto il Moretto : il quale vi lasciò il proprio nome. »

(1) Odorici, *Storie bresciane*, vol. IX, pag. 220.

(2) Rio, *Op. cit.*, pag. 294.

(3) Blanc, *Histoire des peintres de toutes les écoles*. Paris, 1868.

ancora molto in voga, il Coindet, [1] circa mezzo secolo fa, parlava così del pittore bresciano: « il me souvient de l'étonnement mêlé d'une certaine inquiétude que j'éprouvai lorsque visitant les églises de Brescia, je me trouvai en face de tableaux d'un rare mérite, tous signés du même nom, lequel m'était à peu près inconnu. Tant de talent et si peu de réputation, étaient pour moi un fait inexplicable. »

E di vero, quale alto posto spetti al Moretto nella storia della pittura italiana, e come dal sentimento egli, più che nessun altro artefice dell'età sua, abbia derivato all'arte schiette bellezze si è bene compreso solo ai nostri giorni. Oggi soltanto si andò diffondendo l'ammirazione per l'artefice, ch'ebbe fama minore dell'ingegno; soltanto ai dì nostri egli ha raggiunto una tale rinomanza, da giustificare l'entusiasmo eccessivo di chi non si perita di mettere il Moretto primo fra quella pleiade d'ingegni, che nel cinquecento succedono nella gloria ai tre sovrani dell'arte veneziana, Tiziano, Paolo e Tintoretto. [2]

Gli uomini del nostro tempo si sentono at-

---

[1] COINDET, *Hist. de la peinture en Italie*, pag. 338. Paris, 1850.
[2] LUBKE, *Op. loc. cit.*

tratti verso il pittore di Brescia, solitario ricer-
catore, che, pur travolto dallo strepito allegro
dell'arte veneziana, studiava il pensiero interiore,
la forma espressiva, e proseguiva con desiderio
intenso una sua imagine d'idealità religiosa. A
questo ideale egli informò vita, cuore, pensieri.
Pei moderni, un po' malati d'ideale, non può
non esercitare un fàscino irresistibile quest'arte
ingenuamente splendida, robustamente vereconda. Le vergini e le sante del tenero artefice non
sono soltanto figure mirabili di bellezza, ma appaiono come la glorificazione di un sentimento
intenso e sincero, figure che devono aver guardato con gli occhi buoni e indulgenti le tristi
sembianze della società umana, e spirano dall'aria gentile del volto la soavità delle loro anime,
anime tutte piene di sogni purissimi e di desiderî
dell'infinito. Per questa soavità penetrante, per
questa delicatezza quasi moderna, il pittore bresciano, tra la festa romorosa del cinquecento, appare solitario e originale, e forma ai dì nostri
argomento prediletto di studio. Oggi una grande
e schietta onda passionale pervade tutta la giovane arte e la esalta; l'artista odierno non vuole
più che il quadro sia soltanto un sagace alternarsi di tòni e di colori, ma altresì lo svol-

gimento di un' idea; non vuole che l'arte sia solamente perizia tecnica, ma altresì profonda manifestazione psicologica. L'umanità pare si sia stancata di godere e ritorna a sognare. Possa questo raggio d'ideale, che rende meno tristi le ombre dell'età che finisce, illuminare il secolo venturo; possa far sbocciare il fiore di quell'arte dolcemente soave, che ci commuove ancora nelle opere del pittore-poeta di Brescia.